SINOLOGICA COLONIENSIA

Herausgegeben von
Martin Gimm

Band 32

2013
Harrassowitz Verlag · Wiesbaden

Martin Gimm

Georg von der Gabelentz zum Gedenken

Materialien zu Leben und Werk

2013
Harrassowitz Verlag · Wiesbaden

Umschlagsvignette:

Chinesisches Titelblatt zu Georg v. d. Gabelentz, *Chinesische Grammatik*, Leipzig: Weigel (1881)

Bibliografische Information der Deutschen Nationalbibliothek
Die Deutsche Nationalbibliothek verzeichnet diese Publikation in der Deutschen Nationalbibliografie; detaillierte bibliografische Daten sind im Internet über http://dnb.dnb.de abrufbar.

Bibliographic information published by the Deutsche Nationalbibliothek
The Deutsche Nationalbibliothek lists this publication in the Deutsche Nationalbibliografie; detailed bibliographic data are available in the internet at http://dnb.dnb.de.

Informationen zum Verlagsprogramm finden Sie unter
http://www.harrassowitz-verlag.de
© Otto Harrassowitz GmbH & Co. KG, Wiesbaden 2013
Kreuzberger Ring 7c-d, D-65205 Wiesbaden
produktsicherheit.verlag@harrassowitz.de
Das Werk einschließlich aller seiner Teile ist urheberrechtlich geschützt.
Jede Verwertung außerhalb der engen Grenzen des Urheberrechtsgesetzes ist ohne Zustimmung des Verlages unzulässig und strafbar. Das gilt insbesondere für Vervielfältigungen jeder Art, Übersetzungen, Mikroverfilmungen und für die Einspeicherung in elektronische Systeme.
Gedruckt auf alterungsbeständigem Papier.
Printed in Germany
ISSN 0170-3706
ISBN 978-3-447-06979-3

Inhalt

A. Zur Biographie	7
Vorwort	7
1. Einleitung	8
2. Herkunft, Kindheit und Jugend (1840–1859)	16
3. Studienjahre (1859–1876)	26
4. Universitätsprofessor in Leipzig (1878–1889)	40
5. Universitätsprofessor in Berlin (1889–1893)	58
6. Die letzte Zeit (1893)	71
7. Schluß	74
Anhang: Georg v. d. Gabelentz Lebensregeln	77
B. Schriftenverzeichnis	79
Abbildungen	119
Literaturverzeichnis zu Georg v. d. Gabelentz (Auswahl)	125
Index der wichtigen Personennamen	131

A. Zur Biographie

Vorwort

Am 10. oder 11. Dezember 2013 jährt sich der Todestag von (Hans) Georg (Conon) von der Gabelentz zum 120. Mal. Dieses Jubiläum sei zum Anlaß genommen, hier einige Materialien zu dem großen Sinologen und Linguisten mitzuteilen, die sich bei Recherchen zur Familiengeschichte im Laufe zweier Jahrzehnte ergaben. Mein erster Besuch im Thüringischen Staatsarchiv von Altenburg im August 1993, in dem sich – als Glücksfall für die Wissenschaftsgeschichte – u. a. dank der Umsicht von Hans (Albrecht) v. d. Gabelentz-Linsingen (1872–1946), ehemals Burghauptmann auf der Wartburg, das umfangreiche v. d. Gabelentzsche Familienarchiv erhalten hat, galt indes zunächst den dort aufbewahrten Dokumenten, die Georgs Vater Hans Conon betrafen. Bei jedem meiner dortigen Besuche offenbarte sich mir, welch Reichtum an Informationen zur Geschichte Thüringens und besonders zur Geschichte und zum Wesen der Orientalistik im 19. Jahrhundert sich im Archiv dieser kleinen Stadt befindet. An erster Stelle sei daher dem Familienoberhaupt Leopold v. d. Gabelentz und seiner Gemahlin Elke für die Genehmigung gedankt, das Familienarchiv benutzen zu dürfen, weiterhin danke ich Annemete v. Vogel, der Urenkelin von Georgs jüngster Schwester Clementine, für ihre stets bereitwillige Hilfe und Auskunft. Dr. Joachim Emig (1958–2012), dem leider verstorbenen Direktor des Thüringischen Staatsarchives in Altenburg sowie dessen Mitarbeiter(inne)n habe für ihre Hilfe bei der Erschließung der Archivalien zu danken, ebenso meinem leider ebenfalls dahingegangenen alten Freund Eberhard Hetzer (1941–2009) für seine Ratschläge zur Thüringer Geschichte. Meinen Kollegen Hartmut Walravens und Lutz Bieg danke ich für ihre stete Hilfe in zahlreichen Not- und Zweifelsfällen. Ilse-Christa Gross in Erfurt danke ich für ihre Durchsicht des Textes auf Luzidität der Formulierung und für ihre stete Ermunterung.

Hingewiesen sei hier noch auf das im Entstehen begriffene Werk *Georg von der Gabelentz. Ein biographisches Lesebuch,* herausgegeben von Kennosuke Ezawa und Annemete von Vogel, Tübingen: Narr Verlag (2013), ISBN 978-3-8233-6776-9, das leider für die folgenden Ausführungen nicht mehr berücksichtigt werden konnte.

Köln und Erfurt, im Mai 2013   M. G.

> Aus dem Blöken des Kindes ist Sprache geworden,
> wie aus dem Feigenblatt ein französisches Gala-Kleid.
> Georg Christoph Lichtenberg (1742–1799).
>
> Die Wissenschaften soll man nur soweit popularisieren,
> als ihre Ergebnisse feststehen.
> Weiter gehen heißt schlechte Papiere für bare Münze
> verausgaben.
> Georg v. d. Gabelentz, *Lebensregel* (s. Anhang).

1. Einleitung

1.1 Zu Beginn des 19. Jahrhunderts brach für die Orientalistik ein neues Zeitalter an. Es war gleichsam eine Fortsetzung der Epoche der Aufklärung, ein *Siècle des lumières,* als deren Hauptcharakteristikum man die Befreiung der morgenländischen Sprachen – gemeint sind vor allem die biblisch-orientalischen Sprachen und Literaturen Vorderasiens (Hebräisch, dazu Aramäisch, Chaldäisch, Syrisch und auch Arabisch) – aus den Fesseln der Theologie ansprechen kann.[1] Aufbauend auf mehreren Vorläufern früherer Epochen, die teilweise bis ins 15.–16. Jh. zurückreichen, traten diese Fächer nun aus dem Schatten der Theologie heraus und verstanden sich nicht mehr bevorzugt als Hilfswissenschaften im Dienste der Bibelexegese. Gründend in der Aufklärungsideologie – Immanuel Kant formulierte 1784: „Aufklärung ist der Ausgang des Menschen aus seiner selbstverschuldeten Unmündigkeit[2]... *Sapere aude!* Habe Mut, dich deines eigenen Verstandes zu bedienen!"– und angeregt durch die seit der Wende vom 17. zum 18. Jh. wachsende Verbreitung von Reise- und Gesandtschaftsberichten[3], die das Interesse auch an den Alltäg-

---

[1] Aus der reichhaltigen Literatur zum Thema sei hier nur genannt: Edward W. Said, *Orientalism,* London: Penguin Books (1977), deutsche Übers. v. Hans G. Holl, *Orientalismus,* Frankfurt a. M.: S. Fischer (2009); Norbert Nebes, *Orientalistik im Aufbruch. Die Wissenschaft vom Vorderen Orient in Jena zur Goethezeit,* in: Jochen Golz (Hg.), Goethes Morgenland-Fahrten. West-östliche Begegnungen, Frankfurt: Insel (1999), S. 66; Sabine Mangold, *Eine „weltbürgerliche Wissenschaft" – Die deutsche Orientalistik im 19. Jahrhundert* (Pallas Athene, Bd. 11), Stuttgart: Steiner (2004), S. 29 flg.; Jürgen Osterhammel, *Die Entzauberung Asiens, Europa und die asiatischen Reiche im 18. Jahrhundert,* München: Beck ²(2013). – Die im Literaturverzeichnis und in den Anmerkungen vollständig aufgeführten Titel werden in den daran anschließenden Anmerkungen in verkürzter Form wiedergegeben.
– Abkürzungen:
ThStA: Thüringisches Staatsarchiv, Altenburg, Familienarchiv v. d. Gabelentz (mit Inv. Nr.),
v. d. G.: von der Gabelentz.

[2] *Was ist Aufklärung?,* in: Berliner Monatsschrift 1784, 12. Stück, S. 481 flg.

[3] S. J. Osterhammel (2013), S. 32, 98–101.

1. Einleitung

lichkeiten, an Geschichte, Literatur, Kunst usw. ferner Welten förderten, wurde eine Art Profanierung der Fächerbezüge in die Wege geleitet, in deren Verein man nun stärker auf das Vorbild und die Methoden der Klassischen Philologie und der Altertumswissenschaften zurückgriff und den Weg bereitete, Praktiken des Edierens, Übersetzens, Interpretierens und kritischen Auswertens von Textquellen[4] zu einem Hauptanliegen zu erheben. So schien es allmählich natürlich, das alte Fakultätsgefüge der Universitäten zu sprengen, die alte ‚Orientalistik' aus der Theologischen Fakultät auszugliedern, deren einschlägige Lehrfächer in die Philosophische Fakultät zu übernehmen und so zu einer Auffächerung und größeren Vielfalt der Geisteswissenschaften beizutragen – ein Vorgang, der etwa im 1. Drittel des 19. Jh.s abgeschlossen war. Parallel dazu war – auch in Verbindung mit der sich verbreitenden Kunstrichtung des Rokoko, für deren westeuropäische, chinoise Paradigmata man durchaus auch Analogien in der chinesischen Hofkultur (insbesondere der *Kangxi-* und *Qianlong-*Ära) entdecken konnte – ein neues Interesse an allem Orientalischen, an Chinoiserien[5], Orientalismen, Arabesken und sonstigen Exotismen, entstanden, das hinunter bis zu den kleinen mitteldeutschen Fürstenhöfen zu spüren war, so auch in Weimar – nicht nur angeregt durch den Einfluß der Beziehungen zu Rußland, wo im Jahre 1818 das Asiatische Museum gegründet worden war – und z. B. auch bis hin zu GOETHE[6].

---

[4] S. S. MANGOLD, S. 42, 78–90. – Als eine der ‚handlichen' Informationsquellen zu fremden Kulturen wurden in damaliger Zeit auch die in den verschiedenen Residenzstädten (St. Petersburg, Berlin, Dresden Weimar, Jena, Gotha usw.) und auch privatim zusammengetragenen Münzkollektionen angesehen. So nannte schon GEORG V. D. GABELENTZ' Großvater LEOPOLD V. D. G. (1778–1831) eine beachtliche Sammlung römischer Münzen sein eigen, und sein Sohn CONON V. D. G. verfaßte als eines seiner ersten gedruckten Bücher einen Katalog dazu: *Catalogue d'une collection de médailles antiques romaines impériales*, Altenbourg: Literatur-Comptoir (1830), VI, 308 S.

[5] Hierzu s. z. B. HUGH HONOUR, *Chinoiserie: The Vision of Cathay*, London: John Murray (1961); OLIVER IMPEY, *Chinoiserie. The Impact of Oriental Style on Western Art and Decoration*, New York: Scribner's (1977); WILLY RICHARD BERGER, *China-Bild und China-Mode im Europa der Aufklärung*, Köln, Wien: Böhlau (1990); MARTIN WOESLER, *Zwischen Exotismus, Sinozentrismus und Chinoiserie / Européerie* (Scripta Sinica, 6), Bochum: Europäischer Universitäts-Verlag (2006).

[6] Aus der Fülle der Literatur zum Thema ‚Goethe und China' sei hier nur erwähnt: GÜNTHER DEBON, *Was wußte Goethe von der chinesischen Sprache und Schrift ?*, in: JOCHEN GOLZ (Hg.), Goethes Morgenland-Fahrten, s.o. (1999), S. 54–65; KATHARINA MOMMSEN, *"Orient und Okzident sind nicht mehr zu trennen" Goethe und die Weltkultur* (Schriften der Goethe-Gesellschaft, 75), Göttingen: Wallstein (2012); s.a. M. GIMM (2005), S. 19–22, 46. – GOETHE hatte sich – u. a. durch Vermittlung von JULIUS KLAPROTH (1783–1835), s.u. – in den Jahren 1813, 1817/8 und 1825/7 näher mit China beschäftigt und sich offenbar auch einige orien-

1.2 Als akademische philologische Disziplin konnte die Orientalistik auf dem Wirken der *École spéciale des langues orientales vivantes*[7], die in den Räumen der Pariser *Bibliothèque nationale* untergebracht war, aufbauen. Diese war auf Anregung des Orientalisten und Bibliothekars LOUIS-MATHIEU LANGLÈS (1763–1824) von 1790 und Beschluß der Nationalversammlung i. J. **1795** in Paris gegründet worden. Hier wirkte ANTOINE ISAAC SILVESTRE, genannt DE SACY[8] (1758–1838), als Professor für Arabistik, der die Entwicklung der orientalistischen Fächer maßgeblich beeinflußte, so daß ihn sein ehemaliger Student HEINRICH LEBERECHT FLEISCHER (s. u.) mit Recht den „Fürsten der hiesigen Orientalisten"[9] nannte. Da er europaweit den Ruf eines Wegbereiters neuer Fundamente ge-

---

talische Sprachkenntnisse angeeignet, so daß er i. J. 1816 die beiden Prinzessinnen MARIE und AUGUSTE, Töchter der Weimarer Großherzogin und Zarentochter MARIA PAWLOWNA (1786–1859), in Jena über chinesische und arabische Schriftzeichen unterweisen konnte. Etwa Ende 1818 / Anfang 1819 hatte er sich aus der Großherzoglichen Bibliothek (heute: Herzogin-Amalia-Bibliothek) in Weimar 146 „Druckerstöckchen [wohl in Holz geschnitzte Drucktypen] mit chinesischen Schriftzügen" (bisher nicht identifiziert) ausgeliehen. Näheres s. DEBON, S. 57–59; M. GIMM, *Zu Klaproths erstem Katalog chinesischer Bücher Weimar 1804*, in: Das andere China, Festschrift f. Wolfgang Bauer zum 65. Geburtstag (Wolfenbütteler Forschungen, 62), Wolfenbüttel (1995), S. 579–581. Drei Jahre später, im Oktober 1822, hatte GOETHE die Bekanntschaft mit zwei jungen Chinesen aus Kanton gemacht; hierzu s. RAINER SCHWARZ, *Heinrich Heines „chinesische Prinzessin" und seine beiden „chinesischen Gelehrten" sowie deren Bedeutung für die Anfänge der Sinologie*, in: Nachrichten d. Gesellschaft f. Natur- u. Völkerkunde Ostasiens, 144 (1988), S. 71–94. S. a STEFAN HEIDEMANN, *Maria Pawlowna und der Umbruch in der Orientalistik. Die Gründung des Großherzoglichen Orientalischen Münzkabinetts*, in: Maria Pawlowna. Zarentochter am Weimarer Hof, 2. Teil zur Ausstellung im Weimarer Schloßmuseum, München, Berlin: Stiftung Weimarer Klassik (2004), S. 221–267.

[7] Näheres s. S. MANGOLD, S. 38–41.

[8] Näheres s. bei JOHANN FÜCK, *Die arabischen Studien in Europa bis in den Anfang des 20. Jahrhunderts*, Leipzig: Harrassowitz (1955), S. 140–157, und EDWARD W. SAID, *Orientalism*, London: Penguin (1977), S. 122–143. Zur Entwicklung in Frankreich s. HARTMUT WALRAVENS, *Paris als Mekka deutscher Orientalisten im ersten Drittel des 19. Jahrhunderts*, in: Deutsche China-Gesellschaft, Mitteilungsblatt, 53, Bochum: Europ. Universitätsverlag (2009), S. 27–41.

[9] S. Hierzu s. HOLGER PREISSLER, *Die Anfänge der Deutschen Morgenländischen Gesellschaft*, in: Zeitschr. d. Deutschen Morgenld. Gesellsch. (ZDMG), Bd. 145, 2 (1995), S. 249. – KLAPROTH bezeichnet SACY als den „größten der jetzt lebenden Orientalisten, der für seine vielen Verdienste, vom Kaiser Napoleon zum Baron ernannt worden ist." S. seine *Briefe über den Fortgang der Asiatischen Studien in Paris von einem der orientalischen Sprachen beflissenen jungen Deutschen*, Ulm: Neubronner (1830), S. 8. EDWARD W. SAID betonte in seinem einflußreichen Werk *Orientalism*, ed. London: Penguin (1977), S. 124: "Sacy's name is associated with the beginning of modern orientalism."

noß, zog er auch recht bald Studenten aus Deutschland[10] an sich, darunter auch den späteren Begründer der deutschen Indogermanistik FRANZ BOPP[11] (1791–1867). Frankreich konnte sich damals gegenüber Deutschland auch insofern Vorteile zurechnen, als es über eine breitere ‚Infrastruktur' hinsichtlich einschlägiger Bibliotheksbestände, Lehr- und Berufsangebote, Druckereien, die orientalische Schrifttypen verwenden konnten, usw. verfügte. So geschah es bald, daß man sich angesichts des französischen Vorbilds auch in Deutschland bemühte, die klaffenden Lücken zu schließen. Ein Markstein auf dem Wege wurde – zwei Jahrzehnte nach Gründung der *Societé asiatique* (1822) *in Paris* – die 1845 in Leipzig sich konstituierende *Deutsche Morgenländischen Gesellschaft*[12], die – als Gegenstück zu dem noch im Jahre 1822 in Frankreich entstandenen *Journal asiatique* – i. J. 1837 das deutschsprachige Periodikum *Zeitschrift für die Kunde des Morgenlandes*[13] ins Leben rief. An beiden Einrichtungen hatte übrigens GEORGS Vater HANS CONON V. D. GABELENTZ (s. u.) maßgeblichen Anteil.

---

[10] Einer seiner ersten deutschen Schüler war GOTTFRIED LUDWIG KOSEGARTEN (1792–1860), der seit 1817 als Professor in Jena lehrte, wo er mit GOETHE bei seinen orientalischen Studien in Kontakt kam. Als weitere seiner Studenten sind hervorzuheben: HEINRICH LEBERECHT FLEISCHER (1801–1888), der seit 1835 an der Philosophischen Fakultät der Universität Leipzig Arabistik lehrte und eine wichtige Rolle in der deutschen Orientalistik spielte (Näheres s. Anm. 112), sowie JOHANN HEINRICH MÖLLER (1792–1867), der sich insbesondere auf numismatischem Gebiet einen Namen machte. Er bearbeitete u.a. die im Schloß Friedenstein in Gotha befindliche Münzsammlung und verfaßte dazu den Katalog *De numis orientalibus in numophylacio Gothano asservatis commentatio prima* und Teil *altro*, Gotha: Engelhard-Reyher (1826 und 1831). S. a. GIMM, *H. C. v. d. Gabelentz*, in: Oriens Extremus, 40 (1997), S. 243; S. MANGOLD (2004), S. 40–42, 54–55, 94, 123–127, 172.

[11] S. REINHARD STERNEMANN, *Franz Bopp und die vergleichende indoeuropäische Sprachwissenschaft*, Innsbruck: Institut f. Sprachwissenschaft (1984).

[12] Hierzu s. H. PREISSLER, *Die Anfänge* (1995), S. 245, 248, 256; S. MANGOLD (2004), S. 176–225. Zwei Jahre nach der Gründung erschien auch das erste Heft (Bd. 1, 1847) der bis heute existierenden *Zeitschrift der Deutschen Morgenländischen Gesellschaft* (ZDMG) bei Brockhaus in Leipzig.

[13] Von dieser unmittelbaren Vorgängerin der genannten ZDMG sind nur 7 Bände erschienen: Bd. 1 (1837), Bd. 2 (1839), Bd. 3 (1840) unter der Herausgeberschaft von CONON V. D. GABELENTZ, HEINRICH EWALD, JOHANN GOTTLIEB LUDWIG KOSEGARTEN, CHRISTIAN LASSEN, CARL FRIEDRICH NEUMANN und FRIEDRICH RÜCKERT, in Göttingen bei Dieterich. Für die Bände 4 bis 7 (1842, 1844, 1845, 1850) zeichnete dann CHRISTIAN LASSEN (Indologe an der Bonner Universität) als alleiniger Herausgeber verantwortlich; letztgenannte Jahrgänge erschienen bei Koenig in Bonn.

1.3 Erst nachdem der Vordere Orient sich in angedeuteter Weise etabliert hatte, konnten im Zuge der Erweiterung des Gesichtskreises gen Osten – als weitere Neuerung – auch fernere Sprachen und Kulturen Ost- und auch Zentralasiens aus der Peripherie heraustreten. Obwohl die Sinologie als philologische Disziplin ebenso wie die Indologie und auch die Ägyptologie nicht zum eigentlichen, aus der Theologie erwachsenen Kanon der Orientalistik gehörte, auf Eigenentwicklungen zurückblicken und auf separat erreichten Ergebnissen aufbauen konnte, tat sich eine Beschäftigung mit China in universitärer Umgebung am Anfang recht schwer. Erst allmählich gewann das durchaus positive Bild[14] an Einfluß, zu dem seit dem 17. Jh. vor allem die Schriften der in Ostasien wirkenden christlichen Missionare der Gesellschaft Jesu mit ihrer ‚Akkomodation' an die chinesische, konfuzianisch bestimmte Umgebung beigetragen hatten. Die reichhaltige Publikationstätigkeit der geistlichen Herren förderte – nicht ganz uneigennützig – die kulturelle und wissenschaftliche Reputation Chinas in Europa und informierte über mannigfaltige Bereiche, so daß auch die Spezifika der chinesischen Sprache und Schrift in den Grundzügen in Europa bekannt und Gegenstand gelehrter Abhandlungen wurden. Hinzu kam ein gesteigertes politisches Interesse der europäischen Staaten, die okzidentale Machtsphäre auch in Richtung Orient und Ostasien auszudehnen. Dies alles wirkte sich förderlich auf das Bestreben aus, ein Universitätsfach auch für die wissenschaftliche Beschäftigung mit China einzurichten. Hier fungierte ebenfalls Frankreich zu Beginn des 19.

---

[14] Als Beispiel unter vielen sei hier eine Äußerung in CARL RENATUS HAUSENS (1740–1805) Periodikum *Historisches Portfeuille. Zur Kenntniß der gegenwärtigen und vergangenen Zeit*, 3. Jahrgang, 7. Stück (1784), S. 11–12, herangezogen, in dem er auf den Chinaenthusiasmus des ‚großen Kurfürsten' FRIEDRICH WILHELM von Brandenburg (1620–1688) eingeht, in dessen Regierungszeit die Grundlage für die chinesische Büchersammlung der Berliner Staatsbibliothek und damit für die Berliner Sinologie gelegt wurde – der erste Katalog erschien 1682. Unter dem Titel *Von der Neigung des Churfürsten Friedrich Wilhelm für die ausländische Litteratur in Verbindung mit dem ausländischen Handel. Ein Beytrag zur Brandenburgischen Litteraturgeschichte* vermerkt der nicht genannte Autor: „Um aber von der Wichtigkeit dieser Erscheinung in den damaligen Zeiten gehörig zu urtheilen, muß man sich erinnern, daß die Jesuitischen Missionaire durch ihre Berichte dem ganzen Europa eine solche hohe Meynung von den Chinesen beygebracht hatten, daß man damals dieses Volk nie anders als mit einer gewissen Ehrfurcht nennte; daß man dessen Gesetze überall zu preisen, so wie seine Sitten zu bewundern gewohnt war. […] Das hohe Altertum und die Zeitrechnung der Chineser setzte man sogar weit über die heiligen Jahrbücher des Moses hinaus, so daß die Theologen darüber in eine große Verlegenheit gerieten. So ein Volk verdiente damals wohl mehr, als jedes andre die Aufmerksamkeit des Beobachters und das Studium des Philosophen. Aber die Richtung, welche dieses Studium durch die Jesuiten einmal bekommen hatte, trug nur darzu bey, die Bewunderung der Europäer von Stuffe zu Stuffe zu steigern."

Jh.s[15] als Wegbereiter, jedoch erst zwei Jahrzehnte nach der Neubegründung der vorderorientalischen Fächer daselbst: Im Jahre **1814** wurde am *Collège de France* in Paris mit der Ernennung von JEAN-PIERRE ABEL RÉMUSAT[16] (1788–1832) die erste Professur für chinesische und tatarisch-manjurische Sprache und Literatur in Westeuropa eingerichtet.

Bei RÉMUSAT studierten u.a. die Deutschen[17] KARL FRIEDRICH NEUMANN[18] (1793–1870), später Bibliothekar in München, FRIEDRICH LUDWIG SCHULZ[19] (1799–

---

[15] Auch die ersten ernstzunehmenden Grammatiken erschienen – nach einigen früheren Versuchen, so FRANCISCO VARO (1627–1687), *Arte de la lengua mandarina*, Canton (1703) – erst zu Beginn des 19. Jh.s, so JOSHUA MARSHMAN (1768–1837), *Elements of Chinese Grammar*, Singapore (1814) etc.

[16] S. HARTMUT WALRAVENS, *Zur Geschichte der Ostasienwissenschaften in Europa. Abel Rémusat (1788–1832) und das Umfeld Julius Klaproths (1783–1835)* (Orientalistik-Bibliographien und Dokumentationen, 5), Harrassowitz, Wiesbaden (1999), und ders., *Paris als Mekka* (2009), S. 33. S. a. GIMM (2005), S. 41–43 u.ö. – Auf RÉMUSATS grammatischem Lehrbuch 漢文啟蒙 *Élémens de la grammaire chinoise ou principes généraux du kou-wen ou style antique et du kouan hua c'est-à-dire de la langue commune généralement utilisée dans l'empire chinois*, Paris: Imprimerie Royale (1822), XXXVII, 215 Seiten, das seinerseits auf ein Mskr. des P. JOSEPH HENRI MARIE. de PRÉMARES S. J. (1666–1736) *Notitia linguae sinicae* zurückgeht (erster Druck Malacca: Acad. Anglo-Sinensis, 1831), bauten letztlich die Chinesischkenntnisse von Vater und Sohn GABELENTZ auf (hierzu s.u.) und auch die manch anderer früher (Amateur)-Sinologen, so z. B. ein Vorgängerwerk von GEORGS *Chinesischer Grammatik* von 1881: STEPHAN ENDLICHER (1804–1849), *Anfangsgründe der chinesischen Grammatik*, Wien: C. Gerold (1845). – Bemerkenswert ist auch RÉMUSATS Korrespondenz mit WILHELM V. HUMBOLDT (1767–1835), der durch dessen *Élemens* erst angeregt wurde, sich mit der chinesischen Sprache zu beschäftigen und seine bis heute beachtenswerten Ansichten zur Struktur dieser Sprache in seinem bekannten *Lettre à M. Abel-Rémusat*, Paris (1827), zu äußern. Hierzu s. CHRISTOPH HARBSMEIER, *Wilhelm von Humboldts Brief an Abel-Rémusat und die philosophische Grammatik des Altchinesischen* [Außentitel] (Grammatica universalis, 17), Stuttgart: Frommann (1979); s.a. GERHARD MASUR, HANS ARENS, *Humboldt, Wilhelm*, in: Neue Deutsche Biographie, Bd. 10, Berlin: Duncker & Humblot (1974), S. 43–51; s. a. GIMM (2005), S. 43.

[17] Zu den damaligen deutschen Studenten in Paris s. a. H. KLAPROTH, *Briefe über den Fortgang der Asiatischen Studien* (s.o. 1830), S. 10–12.

[18] S. HARALD DICKERHOF, *Der Orientalist und Historiker Karl Friedrich Neumann (1793–1870), Liberale Geschichtswissenschaft als politische Erziehung*, in: Historisches Jahrbuch, 97/8 (1978), S. 289–335; H. WALRAVENS, *Karl Friedrich Neumann (1793–1870) und Karl Friedrich August Gützlaff (1803–1851). Zwei deutsche Chinakundige im 19. Jahrhundert* (Orientalistik Bibliographien und Dokumentationen, 12), Wiesbaden: Harrassowitz (2001); ders., *Paris als Mekka* (2009), S. 36–39. S. a. GIMM (2005), S. 43.

[19] S. H. WALRAVENS, *Paris als Mekka* (2009), S. 39.

1830), Philosophielehrer in Gießen, JULIUS V. MOHL.[20] (1800–1876), Orientalist in Tübingen und Paris, HEINRICH KURZ[21] (1805–1873), der Chinesisch in München lehrte. Eine gewisse Ausnahmeerscheinung auf deutscher Seite bildete JULIUS KLAPROTH [22] (1783–1835), dem bereits i. J. 1816 die erste Professur für asiatische Sprachen in Preußen an der Universität Bonn angetragen wurde, der es aber vorzog, mit Unterstützung der Brüder HUMBOLDT in Paris zu bleiben und den in Frankreich bereiteten Boden für seine Studien zu nutzen.[23]

1.4. Unter solchen wissenschaftlichen Perspektiven war HANS CONON V. D. GABELENTZ, der Vater GEORGS V. D. G., in mitteldeutscher Umgebung und Tradition aufgewachsen. Im Grunde verkörperte er hier den Idealtyp des hochgebildeten, nicht unbemittelten Geisteswissenschaftlers seines Jahrhunderts, verwurzelt im Überlieferungskreis thüringischen Gelehrtentums[24], dessen breit orientierte wissenschaftlichen Interessen und Leistungen, unabhän-

---

[20] S. CARL G. A. SIEGFRIED, *Mohl, Julius,* in: Allgemeine Deutsche Biographie (ADB). Bd. 22, Leipzig: Duncker & Humblot (1885), S. 57–59; H. WALRAVENS, *Paris als Mekka* (2009), S. 36. – MOHLS lateinische Übersetzung des ‚Buches der Lieder', *shijing* 詩經, betitelt *Confucii Chiking sive Liber carminum. Ex latina P. Lacharme* [d. i. ALEXANDRE DE LA CHARME, Mskr. v. 1733] *interpretatione*, Stuttgart u. Tübingen: Cotta (1830), bildete übrigens die Vorlage für die erste Übertragung dieses Textes ins Deutsche durch den Dichter FRIEDRICH RÜCKERT (1788–1866), der mit CONON v. d. G. befreundet war; s. *Schi-King. Chinesisches Liederbuch, gesammelt von Confucius, dem Deutschen angeeignet von Friedrich Rückert,* Altona: Hammer (1833).

[21] S. HERBERT FRANKE, *Heinrich Kurz (1805–1873), der erste Sinologe an der Universität München,* in: Studia Sino-Altaica, Festschr. f. Erich Haenisch zum 80. Geburtstag, Wiesbaden: Steiner (1961), S. 58–71; H. WALRAVENS, *Paris als Mekka* (2009), S. 36. S. a. GIMM (2005), S. 43.

[22] S. H. WALRAVENS, *Julius Klaproth (1783–1835), Leben und Werk* (Orientalistik Bibliographien und Dokumentationen, 3), Wiesbaden: Harrassowitz (1999), sowie ders., *Julius Klaproth: (1783–1835), Briefe und Dokumente,* Wiesbaden: Harrasowitz (1999), ders., *Julius Klaproth: Briefwechsel mit Gelehrten, großenteils aus dem Akademiearchiv in St. Petersburg,* Wiesbaden: Harrassowitz (2002). – Nach den undatierten Aufzeichnungen der Tochter, CLEMENTINE V. MÜNCHHAUSEN [1849–1913; Schwester von GEORG], *Hans Conon von der Gabelentz,* Typoskript (1910), s. Literaturverz., S. 29, war KLAPROTH übrigens „der erste Gelehrte ausserhalb Deutschlands, der von des Papas [CONON V. D. G.'] Forschungen Notiz nahm."

[23] In seinen *Briefe(n) über den Fortgang der Asiatischen Studien in Paris* (s. o., 1830), S. 5, äußert er sich über: „Paris und die Fülle der dortigen literarischen Schätze, so wie die einladende, nie genug zu preisende, Zuvorkommenheit der mehrsten ihrer Bewohner" und betont dagegen: „Die beschränkte Lage des deutschen Forschers, und der enge ihn umgebende Gesichtskreis […]", denn (S. 7) „in Deutschland [sind] nur wenig Hülfsmittel vorhanden."

[24] Als in Thüringen und Umgebung Gebürtige oder lange Zeit dort Ansässige und heimisch Gewordene sind im Bereich der Sinologie und verwandter Gebiete u. a. zu nennen (chronologisch geordnet):

1. Einleitung

gig von Erfolg oder Mißerfolg in einer akademischen Laufbahn, allein privater Initiative entsprangen. Sein Hauptaugenmerk galt dabei einem exotische Gebiet, nämlich den bislang unerforschten Weltsprachen, die er auf der Grundlage umfassender Textsammlungen, die er oft nach naturwissenschaftlichem Vorbild kollationierte[25], sich am Stehpult seines Studierzimmers in Schloß Poschwitz erarbeitete. Auf seinen Leistungen und Ergebnissen aufbauend setzte der Sohn GEORG das Eingeleitete fort und wurde mit seiner großen *Chinesischen Grammatik* von 1881 zu einem der Gründungsväter der deutschen sinologischen Linguistik.

ATHANASIUS KIRCHER (1602–1680, geb. in Geisa/Rhön), HIOB LUDOLF (1624–1702, geb. in Erfurt, Orientalist, Prinzenerzieher in Gotha), JOHANN SALOMO SEMLER (1725–1791, geb. in Saalfeld, Verfasser der Uebersetzumg der allgemeinen Welthistorie), GEORG AUGUST V. BREITENBAUCH (1731–1817, verwandt mit der GABELENTZ-Familie, Gutsherr in Bucha, Schriftsteller, auch über asiat. Themen), JOHANN HEINRICH MÖLLER (1792–1867, geb. in Fröttstedt, gest. in Gotha, Orientalist), HEINRICH LEBERECHT FLEISCHER (1801–1888, geb. in Schandau), BERNHARD DORN (1805–1881, geb. in Scheuerfeld bei Coburg, Prof. f. asiat. Geschichte u. Museumsdirektor in St. Petersburg), HANS CONON V. D. GABELENTZ (1807–1874, geb. in Altenburg), JULIUS THEODOR ZENKER (1811–1884, geb. in Ehrenfriedersdorf), REINHOLD ROST (1822–1896, geb. in Eisenberg, Chefbibliothekar am India Office in London), MAX V. BRANDT (1835–1920, Botschafter in Peking, lebte in Weimar), ERNST FABER (1839–1899, geb. in Coburg), GEORG V. D. GABELENTZ (1840–1893, geb. in Poschwitz), FRIEDRICH HIRTH (1845–1927, geb. in Gräfentonna), KARL FRIEDRICH GELDNER (1852–1929, geb. in Saalfeld, Orientalist), OTTO FRANKE (1863–1946, geb. in Gernrode bei Quedlinburg), CARL FLORENZ (1865–1939, geb. in Erfurt), RICHARD WILHELM (1873–1930, Sohn eines Thüringer Glasmalers), WALTER TRITTEL (1880–1928, geb. in Nöschenrode bei Wernigerode), OTTO KIBAT (1880–1956, Rechtsanwalt und *Jin Ping Mei*-Übersetzer in Gotha), FRANZ HÜBOTTER (1881–1967, Historiker f. chines. Medizin, geb. in Weimar), WALTHER STÖTZNER (1882–1965, Tibetforscher, geb. in Gera), MAX GERH. PERNITZSCH (1882–1945, geb. in Treben bei Altenburg), FRANZ KUHN (1884–1961, Romanübersetzer, geb. in Frankenberg), GUSTAV ECKE (1896–1971, geb. in Erfurt), WERNER EICHHORN (1899–1990, geb. in Theuern bei Meiningen), GOTTFRIED RÖSEL (1900–1992, Übersetzer, geb. in Weimar), PETER OLBRICHT (1909–2001, geb. in Oberweimar), ERNST SCHÄFER (1910–1992, Tibetforscher, aus Waltershausen), OTTO KAROW (1913–1992, geb. in Magdeburg), ANNEMARIE SCHIMMEL (1922–2003, geb. in Erfurt), WOLFGANG BAUER (1930–1997, geb. in Halle), ULRICH UNGER (1930–2006, geb. in Leipzig) etc.

[25] Nach den Aufzeichnungen der Tochter, CLEMENTINE V. MÜNCHHAUSEN, *Hans Conon von der Gabelentz*, (1910), S. 22, war CONON auch passionierter Sammler von Naturobjekten, wie Mineralien, Schmetterlingen usw.

2. Herkunft, Kindheit und Jugend (1840–1859)

2.1 (Hans) Georg (Conon) v. d. Gabelentz²⁶ auf Poschwitz wurde am 16. März **1840** im Schloß Poschwitz²⁷ geboren. Dieses gehörte zu einem Dorf gleichen Namens nahe der herzoglichen Haupt- und Residenzstadt²⁸ Altenburg

---

²⁶ Die folgenden Ausführungen gründen, wenn nicht anders angegeben, auf den im Familienarchiv v. d. Gabelentz, Nr. 891 und Nr. 902, erhaltenen (heute im ThStA aufbewahrten) Mskr.n eines im Zusammenhang mit der Berufung an die Universität Berlin von ihm entworfenen Lebenslaufes, der auf den 29. Juli 1889 datiert ist. Als besonders ergiebig erwiesen sich daneben die persönlichen, bisher unveröffentlichten Erinnerungen der jüngeren Schwester Clementine v. Münchhausen, *Hans Conon von der Gabelentz* (ca. 1910) und *H. Georg v. d. Gabelentz* (1913); zu beiden s. das Literaturverzeichnis. Aus der zahlreichen Literatur zu Georg v. d. Gabelentz sei aus unmittelbarem Erleben besonders der biographische Beitrag seines Schülers Wilhelm Grube (1855–1908; Näheres zu diesem s. u.) hervorgehoben, *Gabelentz, Hans Georg Conon von der*, in: Allgemeine deutsche Biographie, hgg. v. Hartkort v. Kalchberg, Bd. 50, Leipzig: Duncker & Humblot (1905), S. 548–555. Zum übrigen Schrifttum s. das Literaturverzeichnis im Anhang.

²⁷ Das Schloß nahe dem Dorf Poschwitz, das i. J. 1938 der Stadt Altenburg eingemeindet wurde und in der Mitte des 19. Jh.s ca. 80 Einwohner zählte, diente nach der Enteignung in DDR-Zeiten als Ausstellungsort „Kulturstätte Poschwitz" und danach als „Volkseigenes Gut Gartenbau". Es liegt etwa 3 km nordöstlich von Altenburg an der Bundesstraße 93, Adresse: Lindenweg 3, 04600 Poschwitz. Im Jahre 1388 wurde es als Besitz von Albrecht I. v. d. G., Burgmann in Altenburg, erstmals erwähnt. Gemäß einer dort befindlichen Torinschrift war die ehemalige, in einem flachen Seitental der Pleiße gelegene Wasserburg nach einem Brand von 1507 erst i. J. 1580 wiedererrichtet und bis zum Jahre 1847 durch H. Conon v. d. G. um einen charakteristischen Turm und einen Seitenflügel sowie Wirtschaftsgebäude erweitert worden. Georg hatte als nachmaliger Besitzer später versucht, einen Garten nach chinesischem Muster anzulegen; hierzu s. Clementine v. Münchhausen, *H. Georg v. d. Gabelentz* (1913), S. 128–129. Nach einer Renovierung in DDR-Zeiten der 80ger Jahre ist das Schloß als mittlerweile Staatsbesitz heutigentags in einem beklagenswerten Zustand. – Zum Schloß s. a. Georg v. d. Gabelentz [d.i. der Enkel Georg Heinrich Sebastian, geb. 1906, Rechtsanwalt in Poschwitz], *Einiges über das Poschwitzer Schloß. Seine Baugeschichte und seine Sammlungen,* in: Über ein halbes Jahrtausend (1938, s. Literaturverz.), S. 101–112; Frank Grunwald, *Schloß Poschwitz und das Adelsgeschlecht der Herren von der Gabelentz,* in: Altenburger Geschichts- und Hauskalender, 1. Jg. N.F., (1992), S. 115–121; s. a. Gimm (2005), S. 13–14.

²⁸ Das ernestinische Herzogtum Sachsen-Altenburg der Wettiner – eines der zwölf thüringischen Staaten der Nach-Napoleon-Zeit, das von 1826 bis 1918 existierte, war nach einer Neuaufteilung aus dem Herzogtum Sachsen-Gotha-Altenburg (1681–1825) hervorgegangen. S. hierzu Willy Flach, *Die staatliche Entwicklung Thüringens in der Neuzeit,* in: Zeitschrift des Vereins für Thüringische Geschichte und Altertumskunde, Bd. 43, Jena (1941), S. 36 u. ö.; Reinhard Jonscher u. Willy Schilling, *Kleine thüringische Geschichte, Vom Thüringer Reich bis 1990,* Jena: Jenzig (2005), S. 132–133. S. allgemein Hans Hoffmeister, Volker Wahl (Hrsg.), *Die Wettiner in Thüringen: Geschichte und Kultur in Deutschlands Mitte,* Arnstadt und Weimar: Rhino (2000). – Eine etwa zeitgenössische Darstellung der Stadt Altenburg stammt aus der Feder von Conons Jugendfreund und späterer *Ulfilas-*

2. Herkunft, Kindheit und Jugend (1840–1859)

(Thüringen), wo die Herren v. d. GABELENTZ[29] seit dem 14. Jahrhundert ein

---

Mitarbeiter AUGUST JULIUS LÖBE (1805–1900), *Beschreibung und Geschichte der Residenzstadt Altenburg und ihrer Umgebung für Einheimische und Fremde,* Altenburg (1848), späterer Titel: *Geschichtliche Beschreibung der Residenzstadt Altenburg und ihrer Umgebung,* Altenburg (3. Aufl. 1881). – Der Vater CONON v. d. G., der seit 1829 in altenburgischem Staatsdienst stand (beginnend 1829 als Auditor beim Rent- und Kreisamt Altenburg und endend 1848/9 als Staatsminister), wirkte unter den Herzögen FRIEDRICH (1763–1834, reg. ab 1826) bis ERNST I. (1826–1908, reg. ab 1853).

[29] Zur Familiengeschichte s. ALBERT V. BOINEBURG-LENGSFELD, in: J. S. Ersch und J. G. Gruber, *Allgemeine Encyclopädie der Wissenschaften und Künste,* Leipzig: Gleditsch (1818), Theil 52, S. 24–29; HANS (ALBRECHT) v. d. GABELENTZ-LINSINGEN, *Ahnentafel und Stammtafeln der Familie v. d. Gabelentz,* Groitzsch o. V. (1922); ders., *Die Besitzer von Poschwitz,* in: Über ein halbes Jahrtausend auf angestammter Scholle (s. Literaturverz.), S. 75–77; s. a. ERNST HEINR. KNESCHKE, *Neues allgemeines Deutsches Adels-Lexicon,* Bd. 3, Leipzig: Voigt (1861), S. 415–416, und weitere Nachschlagewerke zu Adelsfamilien; EBERHARD HETZER, *Genealogische Verbindung der Familie v. d. Gabelentz über die Landgrafen von Hessen und die Familie von Cornberg (spät. Linsingen) zur Heiligen Elisabeth, Landgräfin von Thüringen,* in: Heimatjahrbuch des Saale-Orla-Kreises, Neustadt/Orla (2010), S. 95–97.
– Aus der Reihe bedeutender Ahnen sind neben dem Vater HANS CONON hervorzuheben:

(1.) CHRISTOPH FRIEDRICH [III.] v. d. G. (1710–1794), ein Vorfahre fünfter Generation, ehedem württembergischer Generalleutnant und Kommandant der Festung Hohentwiel bei Singen und, wie CONON, Schloßherr zu Lemnitz, war als Regimentskommandeur der Vorgesetzte von JOHANN CASPAR SCHILLER (1723–1796) und wirkte i. J. 1759 als Taufpate und Namenspatron des Sohnes FRIEDRICH v. SCHILLER (1759–1805). CHRISTOPH FRIEDRICHS älterer Bruder CHRISTOPH GOTTLIEB v. d. G. (1703–1759) hatte in den Jahren 1739/47 übrigens das Lemnitzer Schloß erbaut. Näheres s. bei EBERHARD HETZER, *Lemnitzer Adliger war der Taufpate Friedrich Schillers – Zum 190. Todestag von Friedrich v. Schiller am 9. 5. 1805,* in: Ostthüringer Zeitung (1995); ders., *Friedrich Schiller und sein Thüringer Taufpate,* in: Heimatjahrbuch 2004 des Saale-Orla-Kreises, 12. Jg., Schleiz (2003), S. 130–134; s. a. DOBRUCKI (1938), S. 43; GIMM (2005), S. 21–22, Anm. 23. Aus diesem Anlaß fand am 21. Juni 2009 eine Festveranstaltung des Sprach- und Kulturvereins Gabelentz e. V. in Lemnitz statt, von der auch der Fernsehsender MDR-Figaro mehrfach berichtete.

(2.) (HANS CARL) LEOPOLD v. d. G. (1778–1831) auf Poschwitz, Lemnitz u. Schiebelau, der Vater H. CONONS, wirkte in herzoglichen Diensten als wirkl. Geheimrat, herzogl. Sächs.-Altenburg. Kanzler und Obersteuerdirektor und tat sich in den September-Unruhen als Sprecher der Volksmenge hervor. Er gilt – gemeinsam mit H. A. BROCKHAUS (s. u.) und HEINRICH AUGUST PIERER (1794–1850), dem Herausgeber des bekannten *Universal-Lexikon* (1. Aufl. 1824–1836) – als Miterfinder des Skatspiels (*Scat*), das um 1815 aus dem bayerischen Kartenspiel *Schafkopf* hervorging. S. a. DOBRUCKI, S. 48–50; FR. SCHMIDT, *Leopold v. d. Gabelentz (1778 bis 1831),* in: Über ein halbes Jahrtausend (1938), S. 91–100; DOBRUCKI (1938[II]), S. 81–82; TAUBE (1982), S. 21. GEORG v. d. G. besaß eine der größten Sammlungen von Spielkarten, die später in das Spielkartenmuseum in Schloß Altenburg übergegangen sind.

NB: Der Sinologe GEORG v.␣GABELENTZ darf nicht mit dem gleichnamigen bekannten Schriftsteller (HANS) GEORG (CONON) v. d. GABELENTZ (-LINSINGEN) auf Münchenbernsdorf, geb. 1868 in Lemnitz, gest. 1940 in Insbruck, verwechselt werden. Dieser, ein Sohn von GEORGS älterem Bruder ALBERT (1834–1892), schlug die Militärlaufbahn ein, wurde Major

Rittergut mit Schloß besaßen, das auf eine Wasserburg des 12. Jh.s zurückgeht. Als weitere Wirkungs- und Arbeitsstätte der Familie in dieser Zeit ist das etwa 80 km entfernt liegende Rittergut und Schloß Lemnitz[30] zu erwähnen, das ebenfalls damals zum Gabelentzschen Besitztum gehörte.

GEORG war der zweite Sohn des herzoglich Altenburgischen Staatsbeamten HANS CONON V. D. GABELENTZ[31] (1807–1874), der sich durch seine Sprachfor-

---

d. königl. sächsischen Gardereiter-Regiments, er war sächsischer Kammerherr und wirkte 1917–1919 als Intendant der Oper und Schauspiele in Dresden. Zu diesem s. OTTOMAR ENKING, *Georg von den Gabelentz. Zum 60. Geburtstag des Dichters*, Leipzig: Staakmann (1928).

[30] Das Barockschloß Lemnitz, im Zentrum des Dorfes gleichen Namens (heute Gemeinde Lemnitz-Leubsdorf), etwa 3 km südwestlich der Stadt Triptis in Thüringen gelegen, war in den Jahren 1739 bis 1747 erbaut worden. Ursprünglich bestand der Besitz aus zwei Gütern, die WOLF ALBRECHT I. v. d. G. († 1656) i. J. 1630 sowie dessen Sohn HANS GEORG i. J. 1671 gekauft hatten. S. HANS (ALBRECHT) v. d. GABELENTZ-LINSINGEN, *Ahnentafel und Stammtafeln der Familie v. d. Gabelentz*, Groitzsch (1922), S. 60. GEORGS Vater CONON verwendete Schloß Lemnitz als eine Art Sommersitz – in einem Brief an den Hallenser Indogermanisten AUGUST FRIEDRICH POTT (1802–1887) vom 5. August 1873 (aufbewahrt in der Universitäts- und Landesbibliothek Sachsen-Anhalt) bezeichnete er es als „meine hiesige Villegiatur", wo – nach CLEMENTINE V. MÜNCHHAUSEN, *Hans Conon von der Gabelentz* (1910), S. 58 – „wir den Sommer, etwa von der 2. Maihälfte bis Anfang Oktober, zu sein pflegten." CONONS Sohn GEORG notierte in seinen Erinnerungen – s. GIMM (1997), S. 253: „Der Sommeraufenthalt in Lemnitz war für ihn eine Zeit der Erholung. Dorthin nahm er nur kleinere sprachwissenschaftliche Arbeiten mit, denen er dann oblag, wenn das Wetter eben keine Waldspaziergänge gestattete." Nachdem das Schloß nach CONONS Tod zunächst sein älterer Sohn (HANS) ALBERT V. D. GABELENTZ-LINSINGEN (1834–1892), damals großherzoglicher Kammerherr und Oberhofmeister in Weimar, bewohnte, ging der Besitz von Lemnitz i. J. 1918 bis zu seiner Enteignung an ALBERTS jüngsten Sohn, den Kunsthistoriker HANS (ALBRECHT) v. d. GABELENTZ-LINSINGEN (1872–1946) über, der zwischen 1912 und 1922 als Direktor des von HEINRICH BROCKHAUS (1804–1874) i. J. 1897 begründeten Kunsthistorischen Instituts in Florenz und seit 1930 bis zu seinem Tod als Burghauptmann auf der Wartburg bei Eisenach wirkte. Nach dem 2. Weltkrieg diente Schloß Lemnitz seit 1946 als Schulungszentrum für die MITROPA-Speisewagengesellschaft der ehemaligen DDR, danach 1962 als Seniorenheim und seit 1996 als Haus der Gemeindeverwaltung. Gegenwärtig wird es als temporär geöffnete, vom Sprach- und Kulturverein v. d. Gabelentz e. V. betreute Ausstellungsstätte verwendet. Eine kurze Beschreibung des Ortes und Schlosses Lemnitz findet ich bei PAUL LEHFELDT, *Bau- und Kunstdenkmäler Thüringens*, Heft I. Grossherzogthum Sachsen-Weimar-Eisenach, Amtsgerichtsbezirk Jena, Jena: G. Fischer (1888), S. 213–215; s. a. M. GIMM (2005), S. 14–15.

[31] Näheres zu seinem Leben und seiner Bedeutung s. M. GIMM, *Hans Conon von der Gabelentz und die Übersetzung des chinesischen Romans* (2005), s. Literaturverzeichnis.. Von besonderem Interesse sind hier die (undatierten) Lebenserinnerungen von CONONS Tochter CLEMENTINE V. MÜNCHHAUSEN *Hans Conon v. d. Gabelentz* (1910). S. a. HARTMUT WALRAVENS (Hg.), *„... Ihr ewig dankbarer B. Jülg"* (2013), Vorwort, S. 7–10, und *Lebensskizze Sr. Exzellenz des Geh.-Rathes Dr. Hans Conon von der Gabelentz auf Poschwitz*, in: Altenburger Zeitung, Sonderdruck, Altenburg: O. Bonde (1874), 14 S., abgedruckt in: WALRAVENS, op.

schungen weitreichender Hochschätzung erfreute, und dessen Ehefrau HENRIETTE, geb. Freiin v. LINSINGEN³² (1813–1892), die eine Tochter eines hannoverschen Generals in englischen Diensten war und sich auf musikalischem Gebiet als Komponistin einen Namen machte und Kontakte mit FRANZ LISZT (1811–1886) und anderen Musikern der Zeit pflegte. Leider war der Mutter musikalische Begabung weniger auf den Sohn übergegangen.³³

---

cit. (2013), S. 151–156. Ein Verzeichnis der von CONON V. D. GABELENTZ veröffentlichten linguistischen und orientalistischen Schriften nach heutigem Stand findet sich im Anhang zur Einleitung von HARTMUT WALRAVENS, *Die Geschichte von Kasna Chan, ein mongolischer Erzählungszyklus* (Sinologica Coloniensia, 22), Wiesbaden (2004), S. 181–192. Als seine wohl bekannteste wissenschaftliche Arbeit ist hier *Über das Passivum. Eine sprachvergleichende Abhandlung* (Abhandlungen d. Königl. Sächsischen Gesellschaft d. Wissenschaften, Bd. VIII), Leipzig: Hirzel (1860), S. 449–546, zu erwähnen, in der er Paradigmen aus insgesamt 208 Sprachen heranzieht (s. Index, S. 545–546). Hierzu vermerkt seine Tochter CLEMENTINE V. MÜNCHHAUSEN (1910), S. 113: „Von grosser Bedeutung war endlich seine Abhandlung, die er im Jahre 1860 ‚Über das Passivum' herausgab. In Nachahmung einer ähnlichen Arbeit Wilhelm v. Humboldts ‚Über den Dual' versuchte er in dieser Abhandlung die gedachte Verbalform durch alle ihm bekannten Sprachen zu verfolgen."

³² Zur Bedeutung der Mutter HENRIETTE und ihren musikalischen Talenten s. M. GIMM, *Eine Episode im Leben von Franz Liszt: Die Familie Hans Conon von der Gabelentz in Altenburg*, in: Archiv für Musikwissenschaft, 66, H. 4 (2009), S. 321–342. Als Ergänzung hierzu ist der auf den 9. Juli 1886 datierte Brief von FRANZ LISZT nachzutragen, in dem dieser sich für die Gastfreundschaft bei der GABELENTZ-Familie in Poschwitz bedankt. (Für die freundliche Bereitstellung einer Kopie dieses Briefes habe ich Frau ANNEMETE V. VOGEL herzlich zu danken.) – Die Rolle der Mutter innerhalb CONONS Wirken charakterisierte der Sohn in seinen Erinnerungen wie folgt: „Der Mama Verdienst war es, daß er [CONON] so ungestört fortstudieren konnte. Sie lud eine Menge der kleinen, oft verdrießlichen und zeitraubenden Geschäfte der Gutsverwaltung auf ihre Schultern, leistete ihm Handlangerdienste, wie sie es nannte." Hierzu s. a. GIMM (1997), S. 253. In einem Brief an MAX UHLE vom 8. April 1881 schildert GEORGS Student WILHELM GRUBE, welchen Eindruck die damals Achtundsechzigjährige auf ihn machte: „Die alte Frau von der Gabelentz […] ist eine herrliche alte Frau von echtem Schrot und Korn, kernig und gediegen vom Scheitel bis zur Zehe. Mit gewinnender Herzlichkeit, jedoch ganz ohne jene obligaten, abgedroschenen Höflichkeitsphrasen […]." Hierzu s. H. WALRAVENS und IRIS HOPF, *Wilhelm Grube* (2007), S. 138. Neben ihrer musikalischen Tätigkeit zeigte HENRIETTE auch Sinn für Antiquitäten und hatte für CONON manche Seltenheiten, darunter mongolische Handschriften und auch den Reiselöffel LUTHERS, bei Antiquaren ausfindig gemacht. S. die Erinnerungen der Tochter CLEMENTINE V. MÜNCHHAUSEN, Mskr. im ThStA, Nr. 750, S. 43–44, 46; s. a. GIMM (2005), S. 15, 21 u. ö.

³³ Im Unterschied zu seinem Vater CONON, der „gänzlich unmusikalisch" war, zeigte sich bei dem Sohn GEORG das Erbteil der Mutter in einem gewissen Interesse auch an Musik. So hatte er, wie wir wissen, i. J. 1885 eine Aufführung von HÄNDELS Oratorium *Judas Maccabäus* im 1885 eingeweihten Leipziger Gewandhaus besucht. In einem Brief an die Mutter vom 5. Dezember 1885 (s. HENRIETTE V. D. GABELENTZ, *Briefwechsel*, Bd. 2, S. 95) schreibt er: „Vorgestern hörten wir hier im neuen Gewandhaus Händels herrlichen Judas Maccabäus.

Prägend dagegen für Georgs Erziehung und sein fürderes *Curriculum Vitae* war zweifellos sein von ihm hochverehrter Vater Hans Conon v. d. G. (geb. am 13. Okt. 1807 in Altenburg, gest. am 3. Sept. 1974 in Lemnitz bei Triptis), dessen in wohldisziplinierter Weise gestaltetes Leben, neben seinem ‚Broterwerb' als Landadliger guter thüringischer Tradition und als hoher herzoglicher Staatsbeamter[34] insbesondere der Sprachwissenschaft gehörte. Wie aus manchen der glücklicherweise erhaltenen Dokumente zu erschließen, war er – dem der Vater Leopold (1778–1831) ursprünglich eine Militärlaufbahn zugedacht hatte – ein mit besonderen Fähigkeiten begabtes ‚Original' oder, nach Goethe, eine ‚Natur' eigener Prägung, der seine Talente auf seine ‚Hauptwissenschaft, die Sprachenkunde' ausgerichtet hatte. Er war ein Privatgelehrter Humboldtschen Formates – Georg v. d. G. bezeichnete ihn, nach dem Biographen Theodor Dobrucky[35], einmal als den „Biologen der Sprachwissenschaft"[36] –, der sich ohne Fachstudium, autodidaktisch und durch mannigfaltige

Hättest Du doch dabei sein können! Das Gebäude allein schon ist sehenswerth; man behauptet, es gebe keinen schöneren Concertsaal. Und das Publicum ist andächtig wie in der Kirche." Hierzu s. a. Taube (1982), S. 31, 33. In einem Brief vom 23. Mai 1892 an seine Mutter (s. Henriette v. d. Gabelentz, *Briefwechsel*, Bd. 2, S. 158) ist von einem weiteren Musikereignis die Rede: „Am Sonnabend waren wir in der Oper u. hörten die Cavalleria [rusticana von Pietro Mascagni – uraufgeführt 1889 in Rom], welche uns von neuem entzückte, nächstens wollen wir meine Nichte zu Kroll [Krolloper, damals in der Nähe des Brandenburger Tores gelegen] in eine hübsche Oper führen." – Seiner musikalisch hochbegabten Mutter gegenüber kam Georg wohl auch mehrfach auf seine Bemühungen zu sprechen, sich eine gewisse musikalische Bildung anzueignen. So heißt es in einem wohl eher humoristisch zu verstehenden Passus in einem Brief an die Mutter vom 2. April 1878 (s. Henriette v. d. Gabelentz, *Briefwechsel*, S. 48): „Schrieb ich Dir schon, daß ich jetzt die Ocarina übe? allerdings ein jämmerliches Exemplar zu 2 Mk., aber doch ziemlich leicht zu handhaben und von angenehmem, nur wegen der Kleinheit des Instrumentes viel zu hohem Tone. Du siehst, nun erlerne ich doch noch ein musikalisches Instrument, und dazu ein gar nicht zu verachtendes. Ein hiesiger Offizier, der eine große Wiener Ocarina besitzt, soll wirklich sehr schöne Effekte erzielen."

[34] Seine verschiedenen offiziellen Funktionen sind im Anhangsteil, S. VIII–X, von *Hans Conon von der Gabelentz (1807–1874), Jin Ping Mei* 金瓶梅, *Chinesischer Roman, Herausgegeben und bearbeitet von Martin Gimm*, Teil VII (Staatsbibliothek zu Berlin Neuerwerbungen der Ostasienabteilung, Sonderheft 33), Berlin: Staatsbibliothek (2013), zusammengestellt.

[35] Theodor (Bozidar) Dobrucki (1893–1957) war sorbischer Abstammung und wirkte seit 1930 als evangelischer Pfarrer in Windischleuba, wo er mit der Gabelentz-Familie in Verbindung kam. S. a. Gimm (2005), S. 123, Anm. 308.

[36] „Er ist nicht Anatomist oder Atomist der Sprachen gewesen, man kann ihn den Biologen der Sprachwissenschaft nennen, der nicht nach den formalen Verhältnissen der Sprachen und deren Verwandten fragt, sondern nach den geheimen Lebenskräften, aus denen die Sprache sich formt und lebt." S. Th. Dobrucky (1938), S. 58–59. Grundlegend für

2. Herkunft, Kindheit und Jugend (1840–1859)

Gelehrtenkontakte – die der Sohn später in ähnlicher Weise fortsetzte – fundierte Kenntnisse in mehr als 80 Sprachen angeeignet hatte. Nahestehende Verwandte kritisierten seine lebenslang währende Passion manchmal als „unprofitables Sprachstudium"[37]. Obwohl die Familie öfter „mit finanziellen Schwierigkeiten zu kämpfen"[38] hatte, gelang es ihm dennoch, im Laufe der Zeit eine – damals einzigartige – linguistische Bibliothek[39] zusammenzutra-

---

die Beurteilung des Vaters CONON ist der Aufsatz von GEORG V. D. G., *Hans Conon von der Gabelentz als Sprachforscher* aus dem Jahre 1886; s. B. Schriftenverzeichnis, Nr. (202.)

[37] S. CLEMENTINE V. MÜNCHHAUSEN, *Hans Conon von der Gabelentz* (1910), S. 9; dort heißt es weiter: „Diesen Beeinflussungen hat sie [die Ehefrau HENRIETTE] keinen Augenblick nachgegeben. […] ‚Es würde mir auch nichts genützt haben, er hätte es doch fortgetrieben; er würde sich aber dann ganz in sich selbst zurückgezogen haben'." Nach derselben Quelle, S. 12, charakterisierte ihn OTTILIE V. STENGLIN (geb. ca. 1815), die Schwester einer altenburgischen Hofdame und Freundin der Familie, um 1838/39: „Wie mich dünkt, überhaupt er wenig Interesse hat, für Dinge, die nur mit den 5 Sinnen wahrgenommen werden. […] Und was er sagen könnte, das verstehn ja gewöhnliche Menschen nicht! Stellt Euch nur 20 Sprachen vor! in einem Kopf!" Er hatte, wie sie S. 13 sagte, stets Vorliebe für „viel Chinesisches." S. 16: „Dann ward ein langer Besuch in China gemacht und, um sich recht täuschend dahin zu versetzen, wurden auch chinesische Kleider angetan…"

[38] S. CLEMENTINE V. MÜNCHHAUSEN, *Hans Conon von der Gabelentz* (1910), S. 23–24.

[39] Über die heute leider nicht mehr existierende, zweifellos bedeutendste linguistische Privatsammlung der Zeit, von der der größte und wertvollste Teil i. J. 1946 requiriert und als Kriegsbeute in die damalige Sowjetunion transportiert wurde, läßt sich bislang kein genauer Überblick gewinnen; Näheres s. M. GIMM (2005), S, 27–28. Angeblich enthielt sie, neben naturwissenschaftlichen, kunst- und heimatgeschichtlichen Werken usw., Schriften in ca. 440 Fremdsprachen, darunter Bibeln seit dem Jahre 1554 in 281 Sprachen und solche in 6 chinesischen Idiomen. Hierzu s. a. GEORG V. D. G., *Katalog der Poschwitzer Bibliothek*, s. B. Schriftenverzeichnis, Nr. (333.) BERNHARD JÜLG (1825–1886) vermerkte in seinem Brief v. 25. Juni 1847 dazu: „es ist mir oft unbegreiflich, wo Sie alle solche Sachen herbekommen; für uns Leute hier [in Berlin] wäre es eine Unmöglichkeit." S. H. WALRAVENS „*…Ihr ewig dankbarer B. Jülg"*, (2013), Nr. J. 19. In einem anderen seiner Briefe vom 24. Mai 1861 heißt es: „Ihre Bibliothek wird durch alle Ihre Acquisitionen ein Unicum der Welt, ich wüßte nicht, wo sich all das, was sich bei Ihnen vereinigt, noch zusammenfände." S. op. cit., Nr. J. 42. REINHOLD ROST (1822–1896), der auf CONONS Vermittlung 1869 Bibliotheksdirektor der India Office Library in London wurde, charakterisierte die Sammlung in seinem Nachruf als "the richest, perhaps, in books on languages in the possession of any private individual." S. R. ROST, *Hans Conon v. d. Gabelentz*, in: The Athenæum, No. 2459, London (v. 12. Dez. 1874), S. 790. S. a. GIMM (2005), S. 13–15. Zu ROST s. OSKAR WEISE, *Der Orientalist Dr. Reinhold Rost, sein Leben und sein Streben*, Leipzig: Teubner (1897), 71 S. – Daß CONON recht freigebig mit seinen Schätzen verfuhr, vermerkt auch seine Tochter CL. V. MÜNCHHAUSEN, op. cit., S. 31: „Eine wahre Freude war es dem Papa, wenn man seine Bibliothek in Anspruch nahm." S. a. daselbst, S. 31–32: CONON „erzählte: ‚Da hab ich heute einen Brief bekommen aus Wien von einem Herrn, der fragte nach einem Buch. In Wien haben sie's nicht, hätten ihn nach Paris verwiesen, die hatten's auch nicht, verwiesen ihn nach Berlin, die hatten's wieder

gen, die er auch anderen Gelehrten selbstlos zugänglich machte. Zu deren chinesischen, manjurischen und z. T. auch mongolischen Beständen hatte sein Schwiegersohn Richard v. Carlowitz-Maxen[40] (1817–1886), der seit 1855 mit Conons Tochter Pauline[41] (1836–1885) verheiratet war, mit rühriger Umsicht und Hilfe wesentlich beigetragen. Richard v. Carlowitz war als Begründer einer namhaften, später in Hamburg ansässigen Handelsfirma seit 1844 an mehreren Orten in China tätig, wo er Gelegenheit fand, Kontakte zu knüpfen, um das Gewünschte zu beschaffen.[42] Meist an den Vormittagen am Stehpult seines Turmzimmers im Schloß Poschwitz arbeitend, lebte Conon getreu einer Devise, die er in hoffnungsvollen Jugendjahren in einer seiner bekannten ‚Siebzehn Lebensregeln'[43] formuliert hatte: „Wer seine Zeit gut einteilt, lebt doppelt". Die Tochter Clementine, verh. v. Münchhausen (1849–1913) ver-

---

nicht, vielleicht wär's in London, und in London haben sie ihm geschrieben, wenn's Einer hätte, wär ich's.' […] ‚Nun, du hast's?' frug ich gespannt. ‚'s ist schon auf der Post', war die strahlende Antwort. Auf seine Bibliothek war er stolz."

[40] Zu diesem s. M. Gimm (2005), S. 115–118, und die dort genannte Literatur. Nach einem Schreiben von Georg an seine Mutter vom 17. März 1877 (s. Henriette v. d. Gabelentz, *Briefwechsel*, S. 8) hatte Richard die Absicht mit ihm zusammen „Chinesisch zu treiben".

[41] Anläßlich ihrer Rückkehr aus China, wo sich Pauline fast acht Jahre aufgehalten hatte, im Juli 1862 vermerkt der Vater H. Conon in einem Brief an den Indogermanisten August Friedrich Pott (s.u.) in Halle v. 20. April 1863: „Sie schwärmt für China!" Nach dem Eintrag in Conons Schreibkalender (in ThStA, Nr. 1284) waren Pauline und Richard v. Carlowitz am 5. Mai 1855 nach China abgereist. Pauline kehrte am 12. Juli 1862 zurück (dagegen Richard erst 1873).

[42] Die Beschaffung chinesischer Bücher in der sinologischen Frühzeit und im 19. Jh. wurde bislang noch nicht vollständig untersucht. Als Beginn ihrer Einfuhr nach Europa ist die Zeit der Wende vom 16. zum 17. Jh. anzusetzen, als durch die Ostindische Kompanie zur See meist über Amsterdam chinesische Drucke und Handschriften – als eine Kategorie damals begehrter Kuriositäten, die oft nach Heften aufgeteilt abgesetzt wurden – ihren Weg in die verschiedenen fürstlichen ‚Kunstkammern' und Adelsbibliotheken (so z. B. nach Weimar, Gotha, Dresden, Wolfenbüttel, Berlin usw.) fanden. In der Literatur ist sogar von einem Katalog chinesischer Bücher eines Amsterdamer Buchhändlers aus dem Jahre 1605 die Rede, von dem sich jedoch leider bisher kein Exemplar gefunden hat. Hierzu s. a. Gimm, *Hans Conon von der Gabelentz (1807–1874) und die erste manjurische Grammatik in Deutschland*, in: Oriens Extremus, 40 (1997), S. 224.

[43] Diese sind in seinem Mskr. *Bemerkungen, Einfälle und Betrachtungen* enthalten, das sich heute im ThStA, Familienarchiv v. d. Gabelentz, Nr. 617a, befindet. Dieser Text ist in *Hans Conon von der Gabelentz (1807–1874) Jin Ping Mei* 金瓶梅. *Chinesischer Roman, Herausgegeben und bearbeitet von Martin Gimm*, Teil IV (Staatsbibliothek zu Berlin Neuerwerbungen der Ostasienabteilung, Sonderheft 24), Berlin: Staatsbibliothek (2011), Vorbemerkung, S. II – III, wiedergegeben.

merkte hierzu: „Wäre es mir doch möglich, diese geistige Atmosphäre von des Papas Stube wieder hervorzuzaubern! Eine kleine, manchmal, offen gestanden, etwas muffige Stube. Aber so erfüllt von einem geistigen Etwas, von Gelehrsamkeit, Herzensgüte und Heiterkeit, dass Einem das Herz aufging, wenn man bloss hereintrat!"[44] – „das ist eben das Wunderhübsche, die zwei Naturen in ihm: die trockene gelehrte und die kindlich gemütliche!"[45]

2.2 Seine Kindheit verlebte GEORG im elterlichen Haus, wo er von den Hauslehrern BEHSER und STEIGER sowie von Gouvernanten in den Elementarfächern und später – zur Gymnasialvorbereitung – auch von Pastor G. E. WAGNER unterrichtet wurde.[46] In seinen Aufzeichnungen spricht er von einem väterlichen „Hauswesen, das ohne Prunk und Luxus war, doch keinerlei Behagen vermissen ließ. […] Verwöhnt wurden wir nicht, weder mit Leckereien noch mit Spielsachen oder Putz. Aber auf sehr gute Nahrung und saubere, zweckmäßige Kleidung und Körperpflege hielt die Mama."[47] GEORGS „ungewöhnliches rasches Wachstum brachte allerhand gesundheitliche Störungen mit sich" – zeitlebens litt er an leichter Nervosität und auch an gelegentlichem Stottern, „wenn er den Eindruck hatte, daß ihm ohne Wohlwollen zugehört wurde."[48] In väterlicher gelehrter Umgebung und Umsicht wurde er jedoch frühzeitig mit den dort stets willkommenen Besuchern und Wissenschaftsfreunden – von KARL ANDREE[49] (1808–1875, s. o.) bis HEINRICH AUGUST ZWICK[50]

---

[44] S. CLEMENTINE V. MÜNCHHAUSEN, *Hans Conon von der Gabelentz* (1910), S. 27–28; Näheres zur Einrichtung s. a. dort, S. 97.

[45] op. cit., S. 17.

[46] Hierzu s. CLEMENTINE V. MÜNCHHAUSEN, *H. Georg v. d. Gabelentz* (1913), S. 7, 15.

[47] S. GEORGS handschriftliche Familienaufzeichnungen (in ThStA, Familienarchiv v. d. Gabelentz, Nr. 912); hier nach TAUBE (1982), S. 20.

[48] S. CLEMENTINE V. MÜNCHHAUSEN, *H. Georg v. d. Gabelentz* (1913), S. 11–13.

[49] Bekannter Geograph, Ethnologe und Publizist; s. VIKTOR HANTZSCH, *Karl Andree*, in: Allgemeine Deutsche Biographie, Bd. 46, Leipzig: Duncker & Humblot (1902), S. 12–15, ERICH VON DRYGALSKI, *Andree, Carl Theodor*, in: Neue Deutsche Biographie, Bd. 1, Berlin: Duncker & Humblot (1953), S. 285. ANDREE war damals besonders durch seine *Geographischen Wanderungen,* 2 Bde., Dresden: Kuntze (1859), und die von ihm begründete Zeitschrift *Globus* bekannt.

[50] Herrnhuter Missionar und Kalmückenforscher; s. MICHAEL KNÜPPEL, *Zwick, Heinrich August,* in: Biographisch-Bibliographisches Kirchenlexikon, Bd. 31, Nordhausen: Bautz (2010), Sp. 1197–1600.

(1796–1855) – bekannt, wozu er vermerkte: „Hier [in Poschwitz] war während einer Reihe von fast vierzig Jahren ein Sitz edelster Geselligkeit und Gastfreundschaft, Gelehrte, Reisende, Missionare, Musiker, Militärs stellten sich oft ein und mischten sich in ungezwungener Weise unter die Kreise, die von den Familienmitgliedern oder von den aus der Nähe herbeigerufenen Gästen gebildet wurden. Alle Weltteile waren zeitweilig hier vertreten."[51] Bereits als Knabe hatte er vom Vater Englisch, Französisch und Italienisch, im 16. Lebensjahr (1856) sogar Maori gelernt.

Zu Ostern **1855** hatte Georg das altehrwürdige herzogliche Friedrich-Gymnasium (Fridericianum)[52] in Altenburg bezogen, wo man ihn intensiv in Latein und Griechisch, daneben auch in Hebräisch, Französisch und Englisch unterrichtete. Als dort ausgezeichneter Primaner wurde er am 1. Nov. 1858 ausgewählt, eine englische Rede *On Shakespeares Julius Caesar* zu halten.[53] Am 5. April **1859** legte er das Maturitätsexamen ab, wobei er in den schriftlichen Prüfungen im Lateinischen die 1., im Griechischen und Französischen die 2., im Deutschen die 6. und in Mathematik die 11. Rangstelle erreichte. (Die mündlichen Prüfungen hatte man mit „vorzüglich" bewertet). Soviel bekannt, verfügte er mit 18 Jahren (1858) schon über Fundamentalkenntnisse im Chinesischen, wie überhaupt das Chinesische für ihn seitdem ein Leben lang in den Vordergrund rückte.[54] Näheres zur damaligen väterlichen Fürsorge hinsichtlich seiner sprachlichen Bildung schildert er in seiner Schrift *Hans*

---

[51] S. *Aus meinem Leben*, 1827, Mskr., ohne Pag. (in ThStA, Nr. 619a); danach z. T. wörtlich bei CLEMENTINE V. MÜNCHHAUSEN, *Hans Conon von der Gabelentz* (1910), S. 84, 122–123. Hierzu s. a. DOBRUCKI (1938), S. 68–69; M. GIMM (2005), S. 17–18. GEORG fügte humoristisch hinzu: „Es waren 33 [Personen], aber der eine, Missionar N. N. auf Eromango, ist neulich von seinen Beichtkindern aufgefressen worden."

[52] S. M. GEYER, *Geschichte des Friedrichsgymnasiums zu Altenburg seit 1789*, Festschrift zur Erinnerung an den 1. Nov. 1841, den Tag des Einzugs in das Josephinum, Altenburg: Bonde (1891), S. 14, 29.

[53] Hierzu s. a. CLEMENTINE V. MÜNCHHAUSEN, *H. Georg v. d. Gabelentz* (1913), S. 20. Zur Abrundung seiner Englischkenntnisse hatte ihm die im väterlichen Haus von 1857 bis 1859 wohnende, achtundzwanzigjährige ELIZABETH FOSTER aus Doncaster, „die kein Wort Deutsch konnte", zur Seite gestanden.

[54] Kennzeichnend ist hier eine spätere Äußerung in einem Brief an seine Schwester CLEMENTINE vom 16. Januar 1885: „Offen gestanden muß ich mehr schreiben als mir lieb ist; gilt es aber das Chinesische, so ist mir das Schreiben eine Lust. Die Sprache ist so vielseitig u. von jeder Seite betrachtet interessant." S. CLEMENTINE V. MÜNCHHAUSEN, *H. Georg v. d. Gabelentz* (1913), S. 117.

*Conon von der Gabelentz als Sprachforscher*⁵⁵; darin auch zum Chinesischen: „Da ich Chinesisch zu lernen wünschte, schenkte er mir zu meinem sechzehnten Geburtstage Rémusat's Élémens⁵⁶. Als ich diese durchgearbeitet hatte, gab er mir St. Julien's Ausgabe und Uebersetzung des Meng-tsï⁵⁷ zur Lectüre."

---

⁵⁵ S. in B. *Schriftenverzeichnis*, Nr. (202.), S. 225, 226, 239; hier zitiert n. GRUBE (1905), S. 548–549.

⁵⁶ Zu J.-P. ABEL-RÉMUSATS *Élémens de la grammaire chinoise* (1822) siehe Anm. 16. – Hierzu vermerkt seine Schwester CLEMENTINE V. MÜNCHHAUSEN, *H. Georg v. d. Gabelentz* (1913), S. 19: „Neben seinen Schularbeiten hat Georg schon auf dem Gymnasium Chinesisch getrieben, ich entsinne mich, mit welch zärtlicher Liebe er allein den Namen Abel Rémusat aussprach, dessen Werk er wohl hauptsächlich benutzte. […] Die Schularbeiten litten nicht unter alledem." In seinem Brief vom 30. November 1877 schreibt GEORG später an seine Mutter (s. HENRIETTE V. D. GABELENTZ, *Briefwechsel*, S. 33): „Aus Brockhaus' Auktion habe ich für zusammen 21 Mk. 30 Bände Bücher erstanden: darunter dasselbe Exemplar von Rémusats chinesischer Grammatik, welches Brockhaus als Gymnasiast dem Papa geliehen, und woraus dieser seine ersten chinesischen Kenntnisse geschöpft hat. Ich habe das Buch [meinem Bruder] Albert zu seinem Geburtstage geschenkt."

⁵⁷ STANISLAS JULIEN [1797–1873 – seit 1832 RÉMUSATS Nachfolger am *Collège de France* in Paris], *Meng Tseu vel Mencium inter Sinenses philosophos, ingenio, doctrina, nominisque claritate Confucio proximum* […], Lutetiæ Parisiorum: Societatis Asiaticae […], 2 Bde. (1824–1826). – Die erhaltenen Briefe JULIENS an CONON v. d. G gab H. WALRAVENS heraus; s. *Hans Conon von der Gabelentz (1807–1874) Jin Ping Mei* 金瓶梅. *Chinesischer Roman*, Herausgegeben und bearbeitet von Martin Gimm, Teil VII (Staatsbibliothek zu Berlin Neuerwerbungen der Ostasienabteilung, Sonderheft 30), Berlin: Staatsbibliothek (2012), Anhang, 16 S.

3. Studienjahre (1859–1876)

3.1 Zu Ostern **1859** schrieb er sich an der Universität Jena – nach väterlicher und großväterlicher Tradition – zum Studium der ‚Rechts- und Cameralwissenschaft' ein, wo er auch als Mitglied des Corps Franconia Jena sich den studentischen Vergnügungen als nicht abhold erwies. Seit der Entstehungsphase der Universitäten galt die juristische Fakultät – wenn die theologische Laufbahn nicht in Frage kam – von jeher als die reputierlichste und damit ein Studium der Jurisprudenz für Adelssöhne in ihrem sozialen Ansehen als das einzig standesgemäße. In Jena studierte er bis zu seinem 3. Semester (1860), um dann zum Wintersemester **1860/1** (bis 1863) an die Universität Leipzig zu wechseln, wo er seine Wohnung in der Petersstraße und später in der Langestraße 15 nahm.[58] Bemerkenswert sind seine dortigen persönlichen und fachlichen Verbindungen zu dem Indologen HERMANN BROCKHAUS[59] (1806–1877), einen Studienfreund des Vaters und Sohn des bekannten Verlagsgründers FRIEDRICH

---

[58] S. a. CLEMENTINE V. MÜNCHHAUSEN, *H. Georg v. d. Gabelentz* (1913), S. 28.

[59] Mit HERMANN BROCKHAUS, dem dritten Sohn des bekannten Leipziger Verlegers, hatte der Vater CONON in den Jahren 1821–1825 das Friedrichsgymnasium in Altenburg besucht. Auch hatte dieser von ihm RÉMUSATS chinesische Grammatik (1820) als Geschenk erhalten. (Hierzu s. a. Anm. 16, 56; DOBRUCKI, 1938, S. 50–51). Auf sinologischem Gebiet hatte sich HERMANN BROCKHAUS nur beiläufig hervorgetan. Nach den Vorlesungsverzeichnissen der Universität Leipzig bot er im WS 1845 eine Lehrveranstaltung „Elemente der chinesischen Sprache" und im SS 1859 eine solche „Culturgeschichte von China und Indien" an, und er veröffentlichte einen kurzen Aufsatz, betitelt *Vorschläge zu zweckmässiger Einrichtung eines chinesischen Wörterbuches,* in: Zeitschr. d. Dt. Morgenld. Gesellschaft, 6, 1852, S. 532–535. HERMANN BROCKHAUS war seit 1836 mit RICHARD WAGNERS Schwester OTTILIE (1811–1883) verheiratet. Sein Vater FRIEDRICH ARNOLD war im Sept. 1810 nach Altenburg übergesiedelt und betrieb dort ein „Kunst- und Industriecomptoir", Vorläufer des 1814 als „F. A. Brockhaus" in Leipzig begründeten Unternehmens. Neben GEORG v. d. G. war ein weiterer von HERMANN BROCKHAUS' Studenten der später in Oxford wirkende Orientalist und Ordinarius für vergleichende Sprachwissenschaft (FRIEDRICH) MAX MÜLLER (1823–1900), der als Herausgeber der Serie *The Sacred Books of the East* bekannt wurde. Dieser war der Sohn des romantischen Dichters WILHELM MÜLLER (1794–1827), der durch seine von FRANZ SCHUBERT (1797–1828) vertonten Liederzyklen „Die schöne Müllerin" (op. 23, 1823) und „Die Winterreise" (op. 89, 1827) Berühmtheit erlangte. – Zu HERMANN BROCKHAUS s. H. C. KELLNER, in: Allgemeine Deutsche Biographie, Bd. 47, Leipzig: Duncker & Humblot (1903), S. 263–272; DOBRUCKY (1938), S. 74–79 u. ö.; W. KIRFEL, in: Neue Deutsche Biographie, Bd. 2, Berlin: Duncker & Humblot (1955), S. 626–627; K. MYLIUS, *Bedeutende Traditionen der Indologie an der Universität Leipzig,* in: Wissenschaftl. Zeitschr. d. Karl-Marx-Universität, Gesellschafts- u. sprachwiss. Reihe, 28, H. 1, (1979), S. 47–50; MANGOLD (2004), S. 19, 110, 113, 162 u. ö.; M. GIMM (2005), S. 16, Anm. 19; ELI FRANCO, *Indologie,* in: Geschichte der Universität Leipzig 1409–2009, Bd. 4, 1. Halbband, Leipzig: Leipziger Universitätsverlag (2009), S. 393–395; s. auch Universitätsarchiv Leipzig, Personalakten PA 0353; Professorenkatalog der Universität Leipzig.

ARNOLD BROCKHAUS (1772–1823). HERMANN BROCKHAUS, der i. J. 1841 einen Ruf als ao. Professor für Orientalische Philologie an die Universität Leipzig erhalten hatte und seit 1848 daselbst als o. Professor für Altindische Sprache und Literatur (1872–1873 auch als Rektor) wirkte, setzte sich für GEORG, der damals bei ihm Sanskrit erlernte, ein – so wie auch später (1876) auch bei seiner Promotion im Fach Sinologie (s. u.). Seine Militärpflicht erfüllte GEORG 1860 nach damaligem Usus durch ‚Stellvertretung', d. h. finanzielle Ablösung.

Seine auch in der Studienzeit anhaltenden orientalistischen und lokalhistorischen Interessen bezeugen seine frühen Mitgliedschaften in der Deutsch-Morgenländischen Gesellschaft (seit 1. Juli 1861), in der Geschichts- und Alterthumsforschenden Gesellschaft des Osterlandes[60] (seit 17. Dez. 1862), die sein Vater i. J. 1839 mitbegründet hatte, und im Verein für Erdkunde (seit 5. Juni 1863) in Dresden, dessen Vorsitz KARL ANDREE (s. o.) – ein Freund der Familie – innehatte.[61]

3.2 Nach einer Vorbereitungszeit in Schloß Poschwitz **1862** legte er sein erstes juristischen Examen[62] an der Universität Leipzig ab und trat als *Iuris utriusque Baccalaureus* am 29. Juli **1863** auf Antrag an das Königl. Justizministerium als ‚Accessist' in den sächsischen Verwaltungsdienst ein und arbeitete zunächst in der Bagatellabteilung des Amtsgerichts Dresden, danach auch an Gerichten in den Orten Leisnig, Chemnitz und wiederum Dresden. Zuvor hatte er mit seinem Bruder HANS ALBERT[63] (1834–1892) und dem später bekannten Zoologen

---

[60] Unter ‚Osterland' (*terra orientalis Saxonum*) – ursprünglich Name einer ostthüringischen Mark des 10. Jh.s – hat man die historische Landschaft Ostthüringens und Westsachsens zwischen den Flüssen Saale und Mulde einschließlich des Pleißenlandes zu verstehen. Hierzu s. FERDINAND WACHSLER, Osterland, in: S. ERSCH u. J. G. GRUBER, Allgemeine Encyclopädie, 3. Sect., 7. Theil, Leipzig: Brockhaus (1836), S. 33–40; HANS JOACHIM KESSLER u. REINHARD MENDE, *Das thüringische Osterland, Land zwischen Saale und Pleiße,* Erfurt: Verlagshaus Thüringen (1996).

[61] Späterhin war er auch Mitglied im Königlich Sächsischen Verein zur Erforschung und Erhaltung vaterländischer Alterthümer (seit 3. April **1865**), danach auch korrespondierendes Mitglied des Königlichen Instituts für Sprachen, Länder- und Völkerkunde für Niederländisch Indien, der Société ethnographique zu Paris, der Peking Oriental Society und der China Branch der Royal Asiatic Society in Shanghai, der Gesellschaft für Erdkunde in Berlin usw.

[62] S. a. CLEMENTINE V. MÜNCHHAUSEN, *H. Georg v. d. Gabelentz* (1913), S. 13.

[63] HANS ALBERT V. D. GABELENTZ-LINSINGEN auf Münchenbernsdorf und Lemnitz, großherzogl. Sächsischer Kammerherr und Oberhofmeister der Großherzogin SOPHIE, der später in Weimar, Ackerwand, lebte, hatte in Jena studiert und die Forstakademie in Eisenach

ALFRED BREHM⁶⁴ (1829–1884), Sohn des in heimatlicher Nähe (in Renthendorf) amtierenden ‚Vogelpastors' CHRISTIAN LUDWIG BREHM (1787–1864), eine dreimonatige Jagd- und Studienreise durch Ungarn, Siebenbürgen und die Bukowina unternommen, worüber er auch Vorträge im Geographischen Verein hielt, dessen Vorsitzender der bekannte Ethnograph KARL ANDREE (s. o.) war. Während seines Aufenthaltes in Leisnig beschäftige er sich, ebenfalls nach dem Vorbild des Vaters, mit historischen Studien zu den Leisniger Burggrafen, denen ehemals auch die Gabelentzschen Besitztümer unterstanden und über die der Vater bereits publiziert hatte.⁶⁵ In Chemnitz widmete er sich weiteren Sprachstudien bei einem weitgereisten böhmischen Pater.⁶⁶

Am 11. Juli **1865** absolvierte er sein zweites juristisches Staatsexamen mit der Note „gut" und wurde in die Civilabteilung übernommen. Am 1. Oktober dieses Jahres wurde er als ‚Referendar' am Königlichen Gericht in Leisnig angestellt, wo er einen Geschichts- und Altertumsverein ins Leben rief, aber dessen Vorsitz ablehnte.⁶⁷ Auf sein Ansuchen hin wurde ihm

---

besucht (s. DOBRUCKI, S. 71–72). Von der Großmutter ALBERTINE V. LINSINGEN hatte er Schloß Münchenbernsdorf und nach CONONS Tod das Gut Lemnitz sowie Teile der Bibliothek (insbesondere die Teilgebiete Kunst, Geographie, Literatur) von Schloß Poschwitz geerbt. Auch er hatte sich eine Zeitlang unter väterlicher Aufsicht mit sinologischen Fragen beschäftigt und einen Aufsatz zum Roman *Jin Ping Mei*, betitelt *Chinesische Justiz. Nach einer Schilderung in dem Roman Gin-ping-mei von H. A. von der Gabelentz*, geschrieben, der in der Zeitschrift Globus, 5. Band (1864), S. 348–350, erschien. (S. den Nachdruck in: *Hans Conon von der Gabelentz (1807–1874), Jin Ping Mei… Teil IV*, Staatsbibliothek zu Berlin, Neuerwerbungen der Ostasienabteilung, Sonderheft 24, Berlin 2011; Anhang, S. xi–xiii). Auch wirkte er als Herausgeber des von seinem Vater nachgelassenen Werkes *Geschichte der großen Liao aus dem Mandschu übersetzt von H. Conon von der Gabelentz*, das in St. Petersburg: Akademie der Wissenschaften (1877), drei Jahre nach des Vaters Tod, erschien. S. a. DOBRUCKI (1938), S. 71–73; M. GIMM (2005), S. 114–115 u. ö.

⁶⁴ S. WILHELM HESS, *Brehm, Alfred*, in: Allgemeine Deutsche Biographie, Bd. 47, Leipzig: Duncker & Humblot (1903), S. 214–216; s. a. DOBRUCKI (1938), S. 72.

⁶⁵ *Regesten, die Burggrafen von Leisnig betreffend*, in: Mittheilungen des Geschichts- und Alterthums-Vereins zu Leisnig im Königreich Sachsen, Heft 4 (1876), S. 1–14; postum erschienen. Zu GEORGS Beitrag daselbst s. B. Schriftenverzeichnis, Nr. (27a.); s. a. DOBRUCKI (1938), S. 76.

⁶⁶ Hierzu s. a. E. HETZER, *G. v. d. Gabelentz, bedeutender Sprachwissenschaftler, Erbauer des Lemnitzer Berghäuschens* (unveröffentl. Mskr.), S. 1–2. – Der Name des Paters war bisher nicht zu ermitteln.

⁶⁷ S. CLEMENTINE V. MÜNCHHAUSEN, *H. Georg v. d. Gabelentz* (1913), S. 26–27. In einem Brief an die Mutter vom 17. März 1877 (s. HENRIETTE V. D. GABELENTZ, *Briefwechsel*, S. 7) schreibt er: „Von dem vergnügten Feste, das ich neulich in Leisnig erlebte, hast Du wohl erfahren. Da hätte ich den Papa hinzugewünscht, der an meinem Alterthumsvereine eine Art

1867–1868 zwecks weiterer juristischer Ausbildung das ‚Auditoriat' am Königlichen Appellationsgericht in Leipzig bewilligt, wo er sich im Juni 1868 einfand. Nachdem er Ende **1869** vor dem Justizministerium in Dresden das ‚Assessor'-Examen bestanden hatte und danach in Chemnitz tätig war – von dort besuchte er sonntäglich die Eltern[68] in Poschwitz und studierte auf der Bahnfahrt oft Sanskrit-Gramatik[69] – unternahm er in den Ferien eine Reise nach Schweden.[70] Nach Ausbruch des Krieges 1870 zwischen Frankreich und Preußen bewarb er sich **1870** von Dresden aus um eine Stelle in den von den Deutschen besetzten Landesteilen und wurde im Januar **1871** Dezernent in Straßburg, im „neugewonnenen Reichsland" Elsaß[71], wo er zum Adlatus und Stellvertreter des Unterpräfekten in Mühlhausen im Elsaß aufstieg.[72] Nach einem Aufenthalt im Herbst 1871 in Poschwitz nahm er im März **1872** seine frühere Aufgabe in Chemnitz wieder wahr und wurde danach an das Königliche Bezirksgericht in Dresden versetzt, wo er in der Leubnitzerstr. 1 wohnte.

Großvatersfreude hatte. Der Verein erfreut sich einer ganz unerwarteten Blüthe, zählt in die achtzig Mitglieder, von denen fast die Hälfte regelmäßig in den Sitzungen erscheint. Wenig andere Vereine dürfen sich eines so regen Lebens rühmen."

[68] S. Clementine v. Münchhausen, *Hans Conon von der Gabelentz* (1910), S. 27: „Wenn Georg Sonntags aus Chemnitz herüber kam, fing er gern ein Examen an: ‚Nun Papa, wer hat geschrieben? Schott? Pott? Rost? Jülg?'." Auf S. 103 vermerkt Clementine: „Georg kam aus Leipzig und Chemnitz fast jeden Sonntag herüber, – aus Leisnig und Dresden war die Entfernung zu gross, – aber in den Ferien wusste er sich auch nichts Besseres als das Elternhaus."

[69] S. Clementine v. Münchhausen, *H. Georg v. d. Gabelentz* (1913), S. 51.

[70] S. in einem Brief des Vaters an A. F. Pott vom 7. August 1869; s. a. Clementine v. Münchhausen, *H. Georg v. d. Gabelentz* (1913), S. 57.

[71] S. G. Schlegel (1894), S. 76.

[72] In einem Brief des Vaters an A. F. Pott vom 8. März 1871 heißt es: „Obgleich meine Söhne den Militärdienst entwachsen sind, ist mein jüngster [Georg] doch auch von den Folgen des Krieges nicht unberührt geblieben; er hat sich zum Civildienst im Elsaß gemeldet und ist seit etwa 5–6 Wochen bei der Unterpräfectur oder Kreisdirection in Mühlhausen angestellt. Es ist jedenfalls eine interessante Stellung und wird ihm hoffentlich für seine fernere dienstliche Laufbahn von Nutzen sein." Die Eltern hatten ihn mit der Tochter in demselben Jahr einmal besucht. S. Clementine v. Münchhausen, *Hans Conon von der Gabelentz* (1910), S. 102; s. a. dies., *H. Georg v. d. Gabelentz* (1913), S. 62–65. In einem Brief vom 9. April 1872 an Pott vermerkte der Vater dann: „Mein Sohn ist wieder aus dem Elsaß zurück und in Chemnitz; dort hat er hoffentlich auch Zeit, sich wieder sprachlich zu beschäftigen, was ihm im Elsaß unmöglich war."

Am 20. Oktober 1872 heiratete er ALEXANDRA (SANNY) Freiin v. ROTHKIRCH-TRACH (1854–1925), die eine auffallende Schönheit⁷³ war, und zog mit ihr nach einer kurzen Riviera-Reise nach Dresden, in die Nähe der Wohnung von VICTOR V. STRAUSS und TORNEY⁷⁴ (1809–1899), mit dessen Familie er eine enge Freundschaft pflegte.⁷⁵ Aus der Ehe mit ALEXANDRA gingen zwei Söhne hervor: (ERNST ALEXANDER) ALBRECHT (1873–1933) und WOLF-ERICH (1884–1914). Erstgenannter, noch in Dresden geboren, wurde Mitbegründer und erster Leiter des Altenburger Schloßmuseums.

Nachdem der Vater kurz vorher, am 3. September 1872, verstorben war, gingen dessen Rittergüter Poschwitz (bei Altenburg) und Lemnitz (bei Triptis, „im Weimarischen") zunächst in GEORGS und seines Bruders ALBERT ungeteilten Besitz über.

3.3 Trotz aller Verwaltungsarbeiten im Staatsdienst wandte sich GEORG nicht von dem vom Vater gewiesenen Weg ab und widmete seine Freizeit weiterhin der Weiterbildung und Perfektionierung in linguistischen Fächern⁷⁶, vor

---

⁷³ S. CLEMENTINE V. MÜNCHHAUSEN, *H. Georg v. d. Gabelentz* (1913), S. 102. Über die Scheidung i. J. 1889 s. Anm. 201.

⁷⁴ Sohn eines Buchbinders, der zum fürstlich schaumburg-lippeschen Minister aufstieg und sich durch Dichtungen und auf sinologischem Gebiet durch seine mustergültigen Übersetzungen des *Shijing* 詩經 und des *Daode jing* 道德經 einen Namen machte: LAÒ-TSÈ'S TAÒ TÊ KĪNG. *Aus dem Chinesischen ins Deutsche übersetzt, eingeleitet und commentirt von Victor von Strauss*; Leipzig: Fr. Fleischer (1870), 357 Seiten; *Schī-kīng. Das kanonische Liederbuch der Chinesen. Aus dem Chinesischen übersetzt und erklärt*, Heidelberg: C. Winter (1880), 526 Seiten. S. FRANZ BRÜMMER, *Strauß und Torney, Viktor von*, in: Allgemeine Deutsche Biographie, Bd. 54, Leipzig: Duncker & Humblot (1908), S. 614–616.

⁷⁵ S. a. CLEMENTINE V. MÜNCHHAUSEN, *H. Georg v. d. Gabelentz* (1913), S. 92–93.

⁷⁶ In seinem zu Beginn genannten Lebenslauf resümierte er: „Meine Liebhaberei für fremde Sprachen reicht in sehr frühe Zeiten zurück und wurde durch das Beispiel meines verewigten Vaters und durch dessen Art, auf meine Gedanken und Interessen einzugehen, mächtig gefördert. Schon als Knabe und Gymnasiast habe ich mehrere europäische und außereuropäische Sprachen, darunter Grebo, Akra [zwei afrikanische Sprachen], Chinesisch, Neuseeländisch und Samoanisch getrieben und seitdem, freilich mit Unterbrechungen, diese Studien fortgesetzt und ausgedehnt. Andere Interessen, zumal für Philosophie, Geschichte, Länder- und Völkerkunde, dann auch für das Civilrecht und Politik, kamen, zum Theil durch meine dienstlichen Aufgaben geweckt, dazwischen und haben mich oft lange Zeit hindurch in Anspruch genommen. Mein sprachwissenschaftliches Streben bewegt sich vorzugsweise in der von W. v. Humboldt vorgezeichneten, auch von meinem verewigten Vater verfolgten Richtung. Dabei hat mich von früh an das Chinesische ganz besonders gefesselt, wegen seines absonderlichen Baues, sei-

allem im Chinesischen, Manjurischen⁷⁷, Mongolischen und Malaiischen. Allmählich gewann er immer mehr Distanz zu seinem juristischen

---

ner angeblich entsetzlichen Schwierigkeiten und wegen des Alters, Reichthums und der Selbständigkeit seiner Literatur."

⁷⁷ Über die damalige Rolle des Manjurischen als *ancilla sinologiae* (Magd der Sinologie), das beim Studium schwieriger chines. Literaturtexte segensreiche interpretatorische Dienste leisten konnte und nach den Worten ERICH HAENISCHS (1880–1966) imstande war, den damals allerorten zu beklagenden Mangel eines einheimischen *Lettré* wenigstens halbwegs zu ersetzen, s. u. a. M. GIMM, *Hans Conon v. d. Gabelentz, sein Sohn Georg und die Rolle des Manjurischen* (im Druck), Teil 3. GEORG V. D. G. bewertete sein Leben lang das Manjurische als eine Art *Gradus ad Parnassum* der chinesischen Literatur und charakterisierte es bereits in jungen Jahren (1862) wie folgt: „(A)lle Mandschu-Uebersetzungen sind für uns authentische, sie sind genau bis zur Peinlichkeit; und die Mandschu-Sprache ist in ihrem Bau unendlich klarer als die chinesische; – kurz die Sprache der Amurländer bietet die bequemste Brücke in die Literatur des Mittelreiches." S. *Mandschu Bücher*, s. B. Schriftenverzeichnis Nr. (3.), S. 538. Zwei Jahrzehnte später vermerkte GEORG in seiner *Chinesischen Grammatik* von 1881 (s. u.), § 48: „Sie [die Manjuren] haben sich, seit sie China erobert (1644) mit ebensoviel Eifer wie Erfolg der Pflege der chinesischen Sprache und Literatur gewidmet. Erlauchte Kaiser, zu den Besten zählend, die das Mittelreich gehabt hat [...], selbst Gelehrte ersten Ranges, liessen eine Menge der vorzüglichsten chinesischen Bücher in ihre Muttersprache übersetzen und unter ihren Landsleuten verteilen. Die meisten dieser Uebertragungen können als authentische, manche von ihnen als meisterhafte gelten. Sie vor Allem haben uns Europäern den Weg der sinologischen Forschung gebahnt; und noch heute sollte Niemand, der Chinesisch treiben will, die Erlernung der Mandschusprache vernachlässigen." – Schon Pater J. J. M. AMIOT (1718–1793) hatte in seinem Buch *Eloge de la ville de Moukden et de ses environ*, Paris: Tilliard (1770), préface S. vj, auf die Klarheit des Manjurischen gegenüber dem Chinesischen hingewiesen: »La langue Mantchou est dans le gout des nos langues d'Europe; elle a sa méthode & ses régles; en un mot, on y voit clair.« S. a. in: M. GIMM (2005), S. 98–101. Die allgemeine Situation des Manjurischen hatte zuvor JOHANN SALOMO SEMLER (1725–1791, geb. in Saalfeld) in seiner *Uebersetzung der Allgemeinen Welthistorie…*, Teil 24, Halle: Gebauer (1762), S. 286, wie folgt zusammengefaßt: „Obgleich die manchewsche Sprache an dem Hofe zu Peking so stark gebrauchet wird, als die chinesische, und alle öffentlichen Acten sowol in der einen als in der andern aufgezeichnet werden; so fieng sie doch an in Verfall zu gerathen und würde vermuthlich verloren gegangen seyn, wo nicht die Tatarn alle Vorsicht gebrauchten, dieselbe dadurch zu erhalten, daß sie auf Antrieb des Kaisers chinesische Bücher übersetzten und Wörterbücher verfertigten."

In solchem Zusammenhang war sogar einmal vorgeschlagen worden, angesichts der großen Aussspracheunterschiede der chinesischen Regionalsprachen (so des sog. ‚Mandarin' und des Kantonesischen) das damals (in GEORGS Geburtsjahr, ca. 1840) noch geläufige und durch den Kaiserhof ‚geadelte' Manjurische als Diplomatensprache und allgemeine *Lingua franca* für den ostasiatischen Raum zu verwenden; hierzu s. [anonym] *Considerations on the language of communication between the Chinese and European governments*, in: The Chinese Repository, XIII, 6 (June 1844), S. 281–300. Einen vergleichbaren Vorschlag übrigens, das Chinesische als Universalsprache überhaupt einzuführen, hatte schon CHRISTOPH GOTTLIEB V. MURR (1733–1811) gemacht, s. dessen *Haoh Kjöh Tschwen*, Leipzig: Junius (1766), Anhang S. 623–624.

Arbeitsfeld, das ihm nie rechte Herzensangelegenheit gewesen war, und er betrachtete sein bestandenes Examen als Signal, diesem Beruf zu entsagen.

Bereits am 26. Dezember 1869 hatte er in einem Brief an seine Schwester mitgeteilt: „Du glaubst nicht, welche Last mir mit dem Satansexamen von dem Herzen gefallen ist. Endlich kann ich einmal wieder mit gutem Gewissen mich dem widmen, wozu ich nun einmal prädestiniert bin, und ich schmiede Pläne über Pläne, um meine Studien zweckmäßig einzurichten. […] und ich habe überdies nunmehr, da ich das Examen hinter mir habe, die Füglichkeit jederzeit dem Staatsdienste mit Ausdauer den Rücken zu kehren. Fast alle, die mich beurteilen können, nennen es unverantwortlich, daß ich für 550 fl. (1650 Mk.) jährlich die schönste Zeit meines Lebens der Wissenschaft entziehe, um zu tun, was hundert andere auch tun können. Ich habe jetzt wieder in Dresden von meinen besten Freunden Vorwürfe über Vorwürfe in diese Richtung zu hören bekommen."[78] Zwei Jahre später, am 4. Juli 1871, schreibt er aus dem Elsass an sie: „Der Geh. Reg. Rat Wiese hat mich schon gefragt, ob sie [ich] nicht Professor werden wollte und es nicht begriffen, als ich das verneinte. (Wiese ist Referent für das Hochschulwesen im Berliner Ministerium). Eine Kreisdirektorstelle kann Ihnen auf die Dauer nicht ge-

---

GEORGS Vater H. CONON, der sich gleichfalls sowohl als Jugendlicher wie in seinen späten Jahren intensiv mit dieser Sprache beschäftigt hatte, war wohl der einzige westeuropäische Gelehrte, der sich für die richtige Lesung und den damaligen Zustand der gesprochenen manjurischen Sprache interessierte. Hierzu gibt sein Briefwechsel mit dem bedeutenden Turkologen WILHELM RADLOFF (1837–1918), der sich damals im manjur.-sprachigen Sibe-Gebiet in Ili (Prov. Xinjiang) aufhielt, einigen Aufschluß. Im Jahre 1869 hatte dieser ihm sogar Sprachproben einer manjusprachigen Person namens UJINGGA geschickt. Eine Veröffentlichung befindet sich in Vorbereitung. – Zu RADLOFF, der ein Schüler von W. SCHOTT (s. u.) in Berlin war, s. WŁADYSŁAW KOTWICZ, *Travaux de W. Radloff relatifs à la langue mandchoue*, in: Rozcnik orientalistyczny, 14 (1938), S. 103–112; AHMET TEMIR, *Leben und Schaffen von Friedrich Wilhelm Radloff 1837–1918, ein Beitrag zur Geschichte der Turkologie*, in: Oriens, 8 (1955), S. 51–93. – CONON hatte zum Manjurischen umfangreiche ‚Kollektaneen' mit vielen Übersetzungen angelegt, über die sein Sohn GEORG in einem Brief an POTT (s. u.) vom 3. April 1875 berichtet: „Seine Collectaneen zur Grammatik und dem Wörterbuche der Mandschusprache müssen auf lange hinaus, hoffentlich nicht auf immer brach liegen, […] aber auch diese Arbeit ist kaum zur Hälfte vollendet." Ähnlich in einem Brief vom 14. August 1876: „Mit Wehmut denke ich an meines Vaters Collektaneen, die nun ruhen müssen, bis mir einmal Muße wird, die unterbrochene Arbeit aufzunehmen." Vier Jahre zuvor hatte CONON in seinem Brief vom 5. Januar 1872 an B. JÜLG (s. H. WALRAVENS, „… *Ihr ewig dankbarer B. Jülg*", G 67) geklagt: … „stecke noch immer tief im Mandschu. Meine Collectaneen sind mir so über den Kopf gewachsen." Hierzu s. a. GIMM, *Hans Conon von der Gabelentz (1807–1874) und die erste manjurische Grammatik in Deutschland (Briefe und Dokumente aus dem Nachlaß)*, in: Oriens Extremus, 40 (1997), S. 227–228.

[78] S. CLEMENTINE v. MÜNCHHAUSEN, *H. Georg v. d. Gabelentz* (1913), S. 55–56.

nügen. [...] Da sitze ich denn – sans comparaison – zwischen verschiedenen Heuhaufen: Kreisdirektor, Regierungsdezernent, sächsischer Assessor, und, last not least! Die alte Heimat mit Allem, was mir lieb ist. Nicht zu vergessen des guten Wiese mit der Berliner Professur."[79] Weitere drei Jahre später, am 18. März **1874**, klagte er dann: „Den Bürodienst bekomme ich immer mehr satt. [...] Gelingt es mir, mich in der Gelehrtenwelt bekannter zu machen als ich heute bin, so kannst du mich nach Umsatteln nur auf einem Katheter der Leipziger Universität stehen sehen. [...] Der Plan ist eben noch ein unreifer, aber er geht mir doch schon recht im Kopf herum."[80] Ähnlich dort am 23. April 1874: „Warum ich lieber Prof. als Assessor sein möchte? Vor allem, weil ich in der Studierstube mehr leisten würde wie auf dem Bureau."[81] Gegenüber seinem niederländischen Kollegen GUSTAV SCHLEGEL[82] (1840–1903) hatte er seine juristische Tätigkeit einmal als einen „ganz unbehaglichen Beruf"[83] bezeichnet, was SCHLEGEL mit den Worten ergänzte: „seine innersten Neigungen gehörten einem anderen Gebiete an. Schon frühzeitig begann in ihm als väterliches Erbtheil eine ungewöhnliche Begabung und leidenschaftliche Begeisterung für das Sprachstudium hervorzutreten, und das er als Kna-

---

[79] S. CLEMENTINE V. MÜNCHHAUSEN, *H. Georg v. d. Gabelentz* (1913), S. 79.

[80] S. CLEMENTINE V. MÜNCHHAUSEN, *H. Georg v. d. Gabelentz* (1913), S. 97–98.

[81] S. CLEMENTINE V. MÜNCHHAUSEN, *H. Georg v. d. Gabelentz* (1913), S. 98.

[82] GUSTAAF SCHLEGELS Vater war 1827 aus Sachsen nach Holland eingewandert. Nach Dolmetscherdiensten bei der Kolonialverwaltung in Batavia und Promotion 1869 in Jena wirkte der Sohn seit 1873 als außerord. Professor für Chinesisch an der Universität Leiden. Er war Mitbegründer der Zeitschrift T'oung Pao i. J. 1890; s. J. L. BLUSSÉ, *Schlegel, Gustaaf (1840–1903)*, in: Biografisch Woordenboek van Nederland (Biographical Dictionary of the Netherlands), 3, The Hague, 1989. – SCHLEGEL hatte GEORG im Juli 1883 in Leipzig besucht, worüber dieser seiner Mutter am 29. Juli 1883 schreibt (s. HENRIETTE V. D. GABELENTZ, *Briefwechsel,* Bd. 2, S. 16): „Schlegel und Frau waren vier Tage lang, von Dienstag bis gestern meine Gäste. Ein liebenswürdiger Besuch, immer guter Dinge und für Alles voller Dankbarkeit."

[83] S. *Nécrologie,* in: T'oung Pao, vol. 5 (1894), S. 76. – Übrigens war schon sein Vater CONON mit seiner eigenen juristischen Laufbahn nicht ganz glücklich gewesen, wie er in seinem Tagebuch (s. ThStA, Nr. 619a) am 23. Juni 1827 vermerkt: „Darum meine Vorliebe zu fremdartigen Sprachen, zu dem hieroglyphenartigen Chinesischen. [...] Jurisprudenz ist mir zu positiv, zu unfruchtbar für das Denken und Grübeln." Dennoch hatte der Sohn nach dem Zuge der Zeit „nicht ganz seinem Wunsche gemäss [...] auf Verlangen des Vaters „Rechtswissenschaften studirt; wie er mir oft versichert hat, [ein] ihm ganz unbehaglicher Beruf" (SCHLEGEL, l. c.).

be versprach, hat er als Mann gehalten."[84] So begann GEORG vermutlich im Frühjahr 1874 mit den Arbeiten[85] an seiner Dissertation, bei denen ihn der Vater CONON wohl mit Rat und Tat unterstützte. Doch leider verstarb dieses bereits am 3. September 1874 Lemnitz.

Als sich die Veränderung in seinem Berufsbild allmählich abzeichnete, schrieb er noch im Jahre seiner Promotion zum Dr. phil. am 12. April **1876** in einem Brief an BERNHARD JÜLG (1825–1886) aus Dresden: „Ich nutze ihn [den Zeitgewinn] nach Kräften, um mich baldigst der Fesseln des Justizdienstes ganz zu entledigen. Zunächst wurde mir voriges Jahr durch die Facultät zu Leipzig mittelbar nahegelegt, umzusatteln und den Richterstuhl mit dem Katheter zu vertauschen, damit das ostasiatische Fach einen Vertreter fände. Die Sache gewann bald bestimmte Formen, da das Ministerium selbst sich für die Sache interessirt, und nun galt es für mich, so schnell wie möglich Doctor zu werden."[86] Über seine weiteren Absichten vermerkte er in seinem Brief an AUGUST FRIEDRICH POTT[87] vom 5. Mai 1876: „Es galt über Hals über Kopf Doctor zu werden, um es dann wo möglich weiter zum Professor zu bringen."

3.4 Obschon es an der Leipziger Universität an einer regulären Vertretung des Faches Sinologie mangelte[88], gelang es ihm in dieser Zeit, „woselbst ich nächst den zur Vorbereitung auf den Staatsdienst erforderlichen Rechts- und Staatswissenschaften vorzugsweise unter Leitung der Herren Professoren Kuno Fischer und Hermann Brockhaus philosophischen und linguistischen

---

[84] S. a. W. GRUBE (1905), S. 548.

[85] Nach CLEMENTINE V. MÜNCHHAUSEN, *H. Georg v. d. Gabelentz* (1913), S. 98, berichtete GEORG in einem Brief vom 23. April 1874: „über das Fortschreiten einer chinesisch-philosophischen Arbeit [gemeint ist seine Dissertation]" und bemerkte dazu: „In zwei, drei Jahren hoffe ich die Arbeit druckfertig zu haben, eine Ausgabe von Text, mandschuischer und deutscher Übersetzung mit umfänglichen sprachlichen und sachlichen Kommentaren, Register und Glossar, – ein Buch, das als erste Einleitung in das Studium der chinesischen Literatur nützlich werden kann."

[86] S. H. WALRAVENS, „*...Ihr ewig dankbarer B. Jülg*" (2013), S. 142, Nr. G 74.

[87] Zu A. F. POTT (1802–1887), damals Professor für allgemeine Sprachwissenschaft und Indogermanist in Halle und reger Korrespondenzpartner des Vaters CONON, s. RÜDIGER SCHMIDT, *Pott, August Friedrich*, in: Neue Deutsche Biographie, Bd. 20, Berlin: Duncker & Humblot (2001), S. 659–660.

[88] Erst zwei Jahre nach seiner Promotion wurde diese Lücke 1878 durch GEORG selbst ausgefüllt.

Studien oblag"[89], sein vom Vater vermitteltes Fachwissen zu komplettieren.[90] Obschon sich GEORG seinem Wesen nach vom Vater, der sich stets als Amateur empfand, unterschied[91], bauten seine Kenntnisse in ostasiatischen Sprachen und in linguistischer Methodik zum großen Teil auf dessen Gelehrsamkeit und Belesenheit auf. So bezeichnete ihn GEORG später einmal als „Genie in der Kunst scharfsinniger, sicherer Combination"[92] und stellte fest: „Von einem grossen Theile meiner sprachphilosophischen Anschauungen weiss ich nicht, wieviel im Grunde mir selbst eigen, wieviel mir von meinem Vater überkommen ist. Öfter als ich mir bewusst bin, mag der Hauptgedanke ihm, die Ausgestaltung mir angehören. [...] und so innig war sein wissenschaftlicher Verkehr mit mir gewesen, dass ich erst nach seinem Tode bemerkte,

---

[89] S. den *Lebenslauf* im Anhang zu seiner genannten Dissertation; s. B. Schriftenverzeichnis, Nr. (26.). Zu FISCHER und BROCKHAUS s. Anm. 59, 104.

[90] Kurz nach dem Tod des Vaters i. J. 1874 bemerkte GEORG in einem Brief an BERNHARD JÜLG vom 9. Sept. 1874: „Für Sie [JÜLG] tritt dabei freilich ein Anfänger in der Wissenschaft an die Stelle eines Meisters, aber, das glauben Sie mir, ein Anfänger mit ehrlichstem Willen, der streben wird, den väterlichen Acker weiter zu bestellen, so gut es seine Kräfte und seine Zeit erlauben." S. H. WALRAVENS, *„...Ihr ewig dankbarer B. Jülg"*, S. 141, Nr. G 73, s. a. einen Brief v. 18. März 1871.

[91] Im Unterschied zu seinem Vater, der sich eher als universeller Sprachgelehrter verstand, hatte sich der Sohn, auch wegen der ihm später obliegenden spezifischen Universitätsaufgaben, neben allgemeiner Sprachwissenschaft auf bestimmte Bereiche mit ihren Nebengebieten, nämlich auf Chinesisch, Japanisch, Manjurisch und Malaiisch, konzentriert, ohne jedoch zeitweilig auch andere Sprachzweige zu vernachlässigen; s. GIMM (2005), S. 11. Dennoch scheinen GEORG manchmal auch Bedenken vor einer Zersplitterung geplagt zu haben; so bemerkt er in einem Brief an die Schwester vom 16. Januar 1885: „Dir ist um meine Vielseitigkeit – Universalität nennst Du es gar – bange. Mir kann eher bange werden vor allzu großer Zersplitterung. Davon merkst Du nichts, weil Du meine Artikel im Lit. Centralblatt, in Ersch und Gruber usw. nicht zu sehen bekommst. [...] Nun will ich Dir ein paar Sprachen aufzählen, die ich innerhalb der letzten Jahre mehr oder minder ausführlich beschrieben habe: Kabylisch [...], und siehe da es sind dreizehn." S. CLEMENTINE V. MÜNCHHAUSEN, *H. Georg v. d. Gabelentz* (1913), S. 116–117. – Von der Vielgestaltigkeit von GEORGS sonstigen wissenschaftlichen Interessen und Kenntnissen zeugen neben seinen Schriften auch die große Zahl (ca. 250) der von ihm verfaßten Rezensionen (s. B. Schriftenverzeichnis) sowie die sonstigen Familiendokumente, Briefe usw. – Zudem hatte sich der Sohn in späteren Jahren durchaus auch den praktischen Belangen der Sprachen, so des Japanischen, zugewandt. Hierzu s. a. das in der Zeitschrift Globus, Bd. 27 (1875), S. 96, mitgeteilte Geschehnis um eine japanische Akrobatentruppe aus der Zeit um 1870 in Leipzig; zitiert bei M. GIMM, *Einige Ergänzungen zu H. Conon v. d. Gabelentz' Übersetzung der manjurischen Version des chinesischen Romans Jin Ping Mei*, in: Central Asiatic Journal, 54 (2010), S. 56, Anm. 15; s. a. CLEMENTINE V. MÜNCHHAUSEN, *H. Georg v. d. Gabelentz* (1913), S. 49–50.

[92] GEORG V. D. G., *Hans Conon von der Gabelentz* (1886), s. o., S. 225.

wie ich bisher, ohne es zu ahnen, immer sein Wissen zu dem meinen hinzugerechnet, mir eingebildet hatte, was er besäße brauchte ich mir kaum erst zu erwerben. […] Das Beste was mir in meinem Fache gelingen mag, ist mittelbar immer sein Werk."[93] Es heißt, daß „sich das Gespräch" bei den Besuchen im väterlichen Heim „meist ausschließlich um Sprachwissenschaftliches [gedreht habe];"[94] denn „(s)eine sprachlichen Interessen drängten nach Mitteilung, und wo hätte er besseres Verständnis finden können, als bei dem, der sie ihm vererbt hatte! Später sagte er mir: ‚Ich weiß von vielen meiner sprachlichen Gedanken absolut nicht zu sagen, ob ich sie selber zuerst gefaßt oder vom Papa schon gehört habe.'"[95]

Über den wissenschaftlichen Austausch zwischen Vater und Sohn weiß GEORGS Student WILHELM GRUBE[96] (1855–1908) aus eigener Erfahrung zu berichten: „Obwol er also gewissermaßen in der Schule seines Vaters aufwuchs, hat ihn dennoch dieser selbst, indem er ihm ‚immer die Initiative ließ', vor der Gefahr geistiger Abhängigkeit zu schützen gewußt. […] Aber wenn der Vater sich zufrieden gab, sobald es ihm gelungen war, die auf inductivem Wege gefundenen Sprachformen in die Rubriken der landläufigen grammatischen Kategorien einzuordnen, ist der Sohn vor allem darauf bedacht, sich nach Möglichkeit von jedem vorgefaßten Schema frei zu halten, um der Fülle der Erscheinungen gerecht zu werden und sie aus sich heraus zu erklären. […] Während ferner Hans Conon bei seiner Abneigung gegen phi-

---

[93] GEORG V. D. G., *Hans Conon von der Gabelentz* (1886), s. o., S. 233, 241. Über die Bedeutung des Vaters CONON s. a. GIMM, *Hans Conon v. d. Gabelentz, sein Sohn Georg und die Rolle des Manjurischen für das Chinesischstudium im 19. Jahrhundert*, in: K. ESAWA (Hg.), Internationale Gabelentz-Konferenz 2010 (in Vorbereitung), Teil 2.1.

[94] S. CLEMENTINE V. MÜNCHHAUSEN, *Hans Conon von der Gabelentz* (1910), S. 68. Sie fährt auf S. 69 fort: „Aber jedenfalls waren die Anderen dann etwas aus dem Gespräch ausgeschaltet, so dass die Mama oft schalt: ‚Georg, du absorbierst den Papa wieder einmal ganz!'"

[95] S. CLEMENTINE V. MÜNCHHAUSEN, *H. Georg v. d. Gabelentz* (1913), S. 159.

[96] S. HERBERT MUELLER, *In memoriam Wilhelm Grube, 17. August 1855 bis 1. Juli 1908*, Berlin: Privatdruck (1908), 15 S.; EDOUARD CHAVANNES, *Le Professeur Wilhelm Grube*, in: T'oung Pao, 9 (1908), S. 593–595; KLAUS KADEN, *Wilhelm Grube und das Scheitern seiner Berufung auf eine ordentliche Professur für Sinologie an der Berliner Universität. Neue Erkenntnisse aus alten Akten*, in: Bochumer Jahrbuch f. Ostasiatische Forschung, 25 (2001), S. 197–221; HARTMUT WALRAVENS mit IRIS HOPF, *Wilhelm Grube (1855–1908). Leben, Werk und Sammlungen des Sprachwissenschaftlers, Ethnologen und Sinologen* (Asien- und Afrika-Studien der Humboldt-Universität, 28), Wiesbaden: Harrassowitz (2007); H. WALRAVENS, *Wilhelm Grube (1855–1908) und Georg von der Gabelentz (1840–1893), zwei profilierte Altaisten*, in: Central Asiatic Journal (im Druck).

losophische Betrachtungsweise Verallgemeinerungen mit ängstlicher Scheu aus dem Wege ging, fühlte sich Georg gerade zu den Fragen der allgemeinen Grammatik und der Sprachphilosophie unwiderstehlich hingezogen."[97] [...] – GRUBE fuhr fort: „Endlich tritt die individuelle Verschiedenheit Beider mit besonderer Schärfe in ihrer Schreibweise hervor. Hans Conon schreibt sachlich und klar, ohne sich im übrigen um die äußere Form der Darstellung zu kümmern [...]; der Sohn hingegen ist jederzeit bemüht, auch den sprödesten Stoff in eine künstlerische Form zu gießen, wobei freilich sein Stil, namentlich in seinen früheren Arbeiten, nicht immer ganz frei von Manirirtheit erscheint."

Es war das grundlegende Wissen, das sich CONON nach eigens entwickelten, analytisch fundierten Verfahren aufgrund oft nur dürftiger Hilfsmittel[98] durch intensives Studium autodidaktisch angeeignet hatte, das er in täglichem Bemühen an den Sohn privatim weitergab. Solches bestätigte der Sohn in mehrfacher Weise; so z. B. in seiner Dissertation von 1876: „Von früher Jugend habe ich mit besonderer Vorliebe linguistische und orientalistische

---

[97] S. GRUBE (1905), S. 548. – Zu dieser Bemerkung s. a. eine Stelle über das Verhältnis beider bei CLEMENTINE V. MÜNCHHAUSEN, *Hans Conon von der Gabelentz* (1910), S. 81–82: „Gegen rein philosophische Bücher erfüllte ihn [CONON] geradezu eine Art Abneigung, – eine Zeit lang wohl zu Georgs Kummer, der als junger Jurist erfüllt von der damals neu erschienenen Hartmannschen ‚Philosophie des Unbewussten' sich darüber lebhaft aussprach und [...] beim Papa auf Abwehr stiess. [...] Gingen auf diesem einen Punkt die Interessen von Vater und Sohn in verschiedener Richtung, so liefen sie dafür in allen anderen Dingen desto inniger verbunden denselben Weg. Vorab natürlich in allem, was sich auf die Sprachwissenschaft bezog". Ähnlich auch in CLEMENTINE V. MÜNCHHAUSEN, *H. Georg v. d. Gabelentz* (1913), S. 158: „Als junger Jurist studierte er mit lebhaftem Interesse allerhand philosophische Schriften, besonders [Nicolai] Hartmanns' [1882–1950] ‚Philosophie des Unbewussten'. Auf der Universität war er ein begeisterter Hörer Kuno Fischers [zu diesem s. Anm. 104] gewesen, der damals noch in Jena war. Seine philosophischen Interessen waren die einzigen, die der Papa nicht mit ihm teilte, ja eigentlich ungern sah und wiederholt ablehnte mit der Wendung: ‚Damit lockt man keinen Hund hinter dem Ofen vor.' "

[98] In einer *Biographischen Erinnerung Dr. Hans Conon v. d. Gabelentz* (Verfasser ist vermutlich CONONS Freund und *Ulfilas*-Mitarbeiter JULIUS LOEBE, 1805–1900), in: Herzoglich Sachsen-Altenburgischer vaterländischer Geschichts- und Hauskalender auf das Jahr 1875, 42. Jg., S. 47 flg., zitiert nach CLEMENTINE V. MÜNCHHAUSEN, *Hans Conon von der Gabelentz* (1910), S. 112, heißt es hierzu: „Oft konnten beim Studium derselben von ihm nur die dürftigsten Hülfsmittel benutzt werden; die Uebersetzung des Vaterunser oder einzelner Kapitel der Evangelien, wie besonders die Parabel vom verlorenen Sohn (Lucas 15, 11–32), von Missionaren zum ersten Unterricht der Heiden in die barbarischen Sprachen übertragen, bildeten zuweilen die einzigen Grundlagen, um die Wort- und Satzformen näher festzustellen. Aber die strenge Festhaltung gewisser Grundregeln und eine glückliche Kombinationsgabe befähigten ihn, mit staunenswerter Leichtigkeit auch aus diesen spärlichen Quellen, welche für andere Augen nur als unlesbare Chiffern gelten konnten, die Grundzüge einer ganzen Sprache aufzubauen."

Studien getrieben [...] Mein theurer Vater war mir auch in diesem Theile meiner Bestrebungen ein immer anregender und helfender Führer."[99] Dennoch scheint der Beistand des väterlichen Freundes HERMANN BROCKHAUS, eine Promotion an der philosophischen Fakultät zu erwirken, nicht gering gewesen zu sein.[100]

3.5 Im Februar des Jahres **1876** reichte GEORG an der Philosophischen Fakultät[101] seine Dissertation 太極圖 *Thai-kih-thu, des Tscheu-tsï Tafel des Urprinzipes, mit Tschu-hi's Commentare nach dem Hoh-pih-sing-li chinesisch mit mandschuischer und deutscher Übersetzung, Einleitung und Anmerkungen herausgegeben. Promotionsschrift*[102], ein und wurde im März desselben Jahres zum Dr. phil. promoviert. Zu Gutachtern waren die Vorgenannten, nämlich der Indologe HERMANN BROCKHAUS[103] in Leipzig und KUNO FISCHER[104] (1824–1907), damals Professor der Philosophie in Heidelberg, bestellt worden. BROCKHAUS bemerk-

---

[99] *Thai-kih-thu*, s. B. Schriftenverzeichnis, Nr. (26.), S. 90.

[100] Hierzu s. in einem Brief an die Mutter vom 8. Januar 1877 (s. HENRIETTE V. D. GABELENTZ, *Briefwechsel*, S. 1): „Gestern erhielt ich die Nachricht, daß des Papas alter Freund, Geh.Rath Hermann Brockhaus in Leipzig an der Lungenentzündung verstorben ist. Mir geht der Fall recht nahe. Ich hatte an dem liebenswürdigen alten Manne einen wahren Freund, der sich um meine Sache mehr Mühe gegeben hat, als man es von seinem Alter verlangen und von seiner Bequemlichkeit erwarten durfte."

[101] Nach dem Promotionsbuch d. Philosophischen Fakultät d. Universität Leipzig (B 128 b) hatte GEORG seinen Promotionsantrag in seiner Funktion als „bacc. iur. u. Gerichtsassessor in Dresden" gestellt.

[102] Näheres s. B. Schriftenverzeichnis, Nr. (26.)

[103] Zu diesem s. ausführlich in Anm. 59.

[104] S. EDITH SELOW, *Fischer, Kuno Ernst Berthold*, in: Neue Deutsche Biographie, Bd. 5, Berlin: Duncker u. Humblot (1961), S. 199. – Zum Einfluß K. FISCHERS vermerkte W. GRUBE (1905), S. 549: „Gründliche philosophische Bildung, verbunden mit dialektischer Gewandtheit und logischer Prägnanz des Ausdrucks sind Vorzüge, durch welche sich die meisten seiner [GEORGS] Arbeiten auszeichnen, – Vorzüge, die er nach seinem eigenen Geständnis in erster Linie der Einwirkung Kuno Fischer's zu verdanken glaubte, wie denn auch dessen Logik und Geschichte der Philosophie zu seinen Lieblingsbüchern gehörten, in die er sich gern immer wieder vertiefte."– In einem Brief an den Vater vom 19. Juni 1874 aus Dresden bemerkt GEORG selbst: „Um mich in philosophischem Denken zu üben, lese ich Kuno Fischers ‚System der Logik und Metaphysik'." (S. ThStA, Familienarchiv v. d. Gabelentz, Nr. 718). Ähnlich in einem Brief vom 16. Januar 1885 an die Schwester: „On revient toujours à ses premiers amours. Die letzte Zeit habe ich wieder fleißig Kuno Fischers Geschichte der neueren Philosophie gelesen." S. CLEMENTINE V. MÜNCHHAUSEN, *H. Georg v. d. Gabelentz* (1913), S. 117.

te zu dieser Abhandlung: „Über den Inhalt Ihrer Schrift erlassen Sie mir jedes Urteil, denn die Begriffe Yen [Yin] und Yang sind mir von jeher ein Gräuel gewesen, und Tschu-hi [Zhu Xi] hat mich nicht günstiger dafür gestimmt. Aber Ihre Bearbeitung der grammatisch-syntaktischen Fragen scheint mir sehr gelungen und zweckentsprechend zu sein: auf der feinen Kenntnis der Partikeln beruht ja alle sichere Interpretation chinesischer Texte."[105] Ähnliches äußerte sein Vorgänger WILHELM SCHOTT[106] (1802–1889): „Was nun Ihre Arbeit über den Thai-ki thu betrifft, oder Ihre Auslegung desselben, so kann ich nach gewissenhafter Lesung mit gutem Gewissen versichern, daß mir auf diesem Gebiete etwas so Verdienstliches selten vorgekommen ist. Man kann über Nebensächliches etwas anderer Meinung sein, aber das Wesentliche wird jede gerechte Beurteilung unberührt lassen müssen."[107] GEORGS Schüler WILHELM GRUBE, resümierte: „Es liegt auf der Hand, daß die einmal eingeschlagene Richtung ihn geradeswegs auf das Chinesische hinleiten mußte als auf diejenige Sprache, deren Grammatik ausschließlich auf der Wortstellung beruht, also, mit anderen Worten, reine Syntax ist."[108]

---

[105] Zitiert bei CLEMENTINE V. MÜNCHHAUSEN, *H. Georg v. d. Gabelentz* (1913), S. 104.

[106] S. F. H. BABINGER, *Wilhelm Schott*, in: HERMAN HAUPT (Hg.), Hessische Biographien, Bd. 1, Darmstadt: Großherzogl. hessischer Staatsverl. (1918), S. 253–259; H. WALRAVENS, *Wilhelm Schott und die Königliche Bibliothek*, in: Scrinium Berolinense. Tilo Brandis zum 65. Geburtstag, Berlin: Staatsbibliothek (2000), Bd. I, S. 577–594; ders., *Wilhelm Schott (1802–1889), Leben und Wirken des Orientalisten* (Orientalistik Bibliographien und Dokumentationen, 13), Wiesbaden: Harrassowitz (2001); *Freilich lag in den zu überwindenden Schwierigkeiten ein besonderer Reiz… Briefwechsel der Sprachwissenschaftler Hans Conon von der Gabelentz, Wilhelm Schott und Anton Schiefner, 1834–1874*. Bearb. und herausg. von HARTMUT WALRAVENS (Sinologica Coloniensia, 26), Wiesbaden: Harrassowitz (2008).

[107] Nach CLEMENTINE V. MÜNCHHAUSEN, *H. Georg v. d. Gabelentz* (1913), S. 104–105.

[108] GRUBE (1905), S. 550. In seinen *Aufgaben der grammatischen Behandlung des Chinesischen* (Näheres s. in Anm. 129), S. 644, Nr. 28, bemerkt GEORG entsprechend: „Diese Sprache hat nun einmal kein anderes Unterscheidungsmittel als ihre Wortfolgegesetze."

4. Universitätsprofessor in Leipzig (1878–1889)

4.1 In demselben Jahr **1876** reichte er seine ‚Initiativbewerbung' an das Dresdener Ministerium des Cultus und öffentlichen Unterrichtes ein, eine „Professur der chinesischen, japanischen[109] und mandschurischen Sprachen an der Universität Leipzig" einzurichten und mit ihm zu besetzen. Es folgte eine lange Zeit des Wartens[110] und Ausharrens und der weiteren Beschäftigung

---

[109] Im Unterschied zum Vater hatte sich Georg viele Jahre hindurch auch mit der japanischen Sprache beschäftigt. In seinem Brief vom 7. Mai 1866 an seine Schwester Clementine v. Münchhausen bemerkt er: „Das Japanische habe ich jetzt wieder tüchtig in Angriff genommen"; s. dies., *H. Georg v. d. Gabelentz* (1913), S. 39. Dabei versorgte ihn Oscar Korschelt (1853–1940), ein „junger Lausitzer […], dem ich vor 5 – 6 Jahren in Dresden bei der Erlernung des Japanischen behülflich war, […] jetzt Professor in Tokio" mit „Hunderten von Bänden der wichtigsten japanischen Werke" (s. Brief an A. F. Pott vom 29. Juni 1880); bereits in seinem Brief vom 31. Januar 1880 hatte er an seine Mutter berichtet (s. Henriette v. d. Gabelentz, *Briefwechsel*, S. 68): „Die Büchersendung aus Japan ist nun eingetroffen. Es sind gegen 500 Bände für – incl. Porto – fast rund 360 M., wahre Prachtsachen, meist antiquarisch, daher verhältnismäßig billiger als die vorige Sendung. Da mir aber die Sache zu theuer wurde, habe ich einen Theil davon für 200 M. an die Universitätsbibliothek abgetreten, – mit schwerem Herzen, das muß ich wohl sagen; ich hätte die schöne Sammlung japanischer Geschichte gern behalten, wenn ich nicht gar so vernünftig wär'!" – Korschelt, der als Naturwissenschaftler an der Medizinischen Hochschule in Tokyo wirkte, wurde durch die Einführung des Go-Spieles (hierzu s. u.) in Europa bekannt. Zu seiner Schrift über dieses Spiel verfaßte Georg eine Rezension; s. B. Schriftenverzeichnis Nr. (116.). – Der Vater Conon hatte seine Studien der japanischen Sprache schon vor längerer Zeit aufgegeben. So betonte er in einem Brief an A. F. Pott in Halle vom 2. April 1864, in dem er auch über seine nachlassenden Kräfte klagt: „das Japanische habe ich definitiv meinem Sohn cediert, der mit 24 Jahren noch eine schöne Zeit vor sich hat, um die Sprache und besonders die Schrift zu bewältigen, die nach Meinung eines Missionars offenbar der Teufel erfunden haben musste, um den Glaubensboten das Bekehrungswerk sauer zu machen."

[110] In einem Brief an A. F. Pott (s.o.) aus Münchenbernsdorf v. 14. August 1876 schreibt er: „Meine Leipziger Angelegenheit ist leider recht ins Stocken gerathen. Der Minister wagt, angesichts der übelwollenden Bekritelungen, die sein Universitätsbudget seitens der zweiten Kammer erfahren, nicht selbständig vorzugehen und vertröstet mich derweile in meliorem fortunam." Zuvor schrieb er an seine Schwester am 17. Mai 1876: „Um meine Professur-Aussichten steht es noch ziemlich faul. Tritt keine Vakanz ein, zu deutsch, stirbt nicht etwa ein Mitglied der Fakultät, so kann sich die Sache bis zum Zusammentritt des nächsten Landtags 1878 hinausziehen." An dieselbe am 21. Juni 1876: „Meine Gerichtsferien werde ich mit Alberts [Familie] in Lemnitz und Münchenbernsdorf verbringen, – möglichst ruhig, da ich einer Erholung nach all den Strapazen bedarf. Gehäufte Amtsgeschäfte und dann das Hangen und Bangen um die Leipziger Affaire haben mich doch etwas angegriffen, und darum treibe ich es auch jetzt mit dem Studieren nicht so hitzig." Zu allem s. Clementine v. Münchhausen, *H. Georg v. d. Gabelentz* (1913), S. 106–108. In einem Brief an die Mutter v. 8. Januar 1877 schreibt er (s. Henriette v. d. Gabelentz, *Briefwechsel*, S. 1): „Nun soll in diesem Monate die Facultät dem Minister über meine Professur Bericht erstatten, und Brockhaus [– kürzlich verstorben –] würde jedenfalls das Referat gehabt haben. Seine Stimme galt viel in der Facultät, und er war deren einziges Mitglied, wel-

am Dresdener Gericht.[111] Erst nach den inzwischen eingegangenen positiven Gutachten unter Vorsitz des Arabisten HEINRICH LEBERECHT FLEISCHER[112] (1801–1888) erfolgte am 21. Juni **1878** seine Ernennung[113] zum „außerord. Professor

---

ches sich mit chinesischen Studien beschäftigt hatte! Dadurch trüben sich denn auch meine Aussichten nicht wenig; mindestens kann die Berichterstattung und des Ministers Entschließung dann einen recht unliebsamen Aufschub erleiden." In seinem Brief vom 18. Februar 1877 an die Mutter schreibt er dann (s. HENRIETTE V. D. GABELENTZ, *Briefwechsel*, S. 4): „Professor [Ernst] Curtius in Leipzig hat an Max Müller geschrieben, daß meine dortige Angelegenheit im besten Zuge ist. Der Minister muß den Bericht der Facultät nunmehr erhalten haben. Wenn er nur auch Geld und Muth bekommen hätte! Nach dem, was Sanny [seine Ehefrau Alexandra] in Leipzig erfahren hatte, müßten jetzt Mittel flüssig werden; was hilft das aber, wenn man für jeden Thaler ein constitutionelles Bedenken hat?" In einem Folgebrief vom 17. März 1877 heißt es (s. HENRIETTE V. D. GABELENTZ, *Briefwechsel*, S. 7): „Von Leipzig leider nichts Neues, gut Ding will aber Weile haben, – wenn es nur nicht Langeweile wäre! Gerade jetzt ist mir einmal wieder meine Juristerei recht lästig, und ich gäbe etwas darum, wenn ich den Erzklumpen schon vom Stiefel geschleudert hätte. Das aber ist immerhin gut, daß es kein Ob mehr giebt, sondern nur noch ein Wann." Desglei -chen in seinem Brief vom 6. Juni 1877 (S. 20): „Sonntag vor acht Tagen machte ich in Leipzig bei einem Theile der Professoren Besuch. Den alten [Leberecht] Fleischer [s. o.], des Papa's Freund, traf ich leider nicht an. Sonst aber wurde ich von allen Seiten sehr herzlich empfangen." Weiter heißt es dort: „Minister v. Gerber [Carl Friedr. Wilhelm v. Gerber, 1823–1891, seit 1871 Königl. Sächs. Minister des Cultus und öffentl. Unterrichts] theilte mir mit, daß er mich vorläufig mit nicht mehr als 4500 Mk. in sein Budget aufnehmen könne. Das ist immerhin um die Hälfte mehr als ich jetzt habe, und eine Gehaltserhöhung wird wohl nach wenigen Jahren zu erwarten sein." In einem anderen Brief vom 1. Oktober 1877 an die Schwester heißt es dann: „Am 24. d. Mts. wird unser Landtag eröffnet, der diesmal für mich von ganz besonderem Interesse ist." Zwei Monate danach jedoch berichtet er am 8. Dezember 1877 an seine Mutter (s. HENRIETTE V. D. GABELENTZ, *Briefwechsel*, S. 34): „Von unserm Landtage und seinen Empfehlungen betreffs meiner Angelegenheit habe ich leider noch Nichts zu vermelden." Ähnlich am 20. Dezember 1877: „Meine Professur steht bei der redlichen Sparsamkeit unserer Stände ganz auf der Kippe. Ein heilloser Zustand diese Ungewißheit. Und wenn sie sich als ein Nein lösen sollte, was der Himmel verhüte: – was dann?"

[111] In seinem Brief vom 17. Mai 1877 an seine Schwester heißt es: „Mir kommt für meine Studien der Dispens von den Nachmittags-Bureaustunden sehr zu statten und ich arbeite tüchtig vorwärts." S. CLEMENTINE V. MÜNCHHAUSEN, *H. Georg v. d. Gabelentz* (1913), S. 107.

[112] S. IGNAZ GOLDZIHER, *Fleischer, Heinrich Leberecht*, in: Allgemeine Deutsche Biographie, Bd. 48, Leipzig: Duncker & Humblot (1904), S. 584–594. S. a. GIMM (2005), S. 43.

[113] Hierzu s. a. M. TAUBE (1982), S. 17. – Sechs Monate zuvor schrieb er am 23. Januar 1878 aus Dresden hoffnungsvoll an seine Mutter (s. HENRIETTE V. D. GABELENTZ, *Briefwechsel*, S. 37): „Die zweite Kammer hat die Mittel meiner Professur bewilligt; vor der ersten ist mir nicht bange; – nur wann sie die Sache beschließt, ist noch zweifelhaft. Beeilt sie sich, wie ich es hoffe, so werde ich wohl vom 1. April ab mit jährlich 4500 Mk. auf das Cultusbudget übernommen, – immerhin ein hübscher Fortschritt." Schließlich am 11. Februar (S. 38): „Freitag kommt voraussichtlich meine Sache vor die erste Kammer. Der Erfolg ist kaum

der ostasiatischen Sprachen" (mit Wirkung ab 1. Juni 1878) auf den neugegründeten Lehrstuhl an die Universität Leipzig mit einem festen Gehalt von 4.500 M. In den Leipziger Rektoratsreden ist zu lesen: „Auch die Lehrfächer der philosophischen Facultät wurden um einen neuen, bisher kaum jemals bei uns vertretenen Wissenszweig bereichert, indem der durch seine sinologischen Forschungen wohlbekannte Dr. phil. [Georg] Conon Freiherr von der Gabelentz, bis dahin Gerichts-Assessor in Dresden, am 21. Juni. d. J. zum ausserordentlichen Professor der ostasiatischen Sprachen an unserer Universität ernannt wurde."[114] So konnte sich GEORG alsbald anschicken, mit

---

zu bezweifeln, und die Berufung kann ich heute in acht Tagen in Händen haben. Die Entlassung aus dem Justizdienste ist eigentlich an eine vierteljährliche Kündigungsfrist gebunden; der Justizminister hat mir jedoch eine Ausnahme zu meinen Gunsten zugesichert. Also noch sechs Wochen und fünf Tage Assessor!" In der folgenden Woche, am 21. Februar 1878 berichtet er der Mutter (s. HENRIETTE V. D. GABELENTZ, *Briefwechsel*, S. 39): „Damit daß beide Kammern ihre Bewilligung ausgesprochen haben, stand streng genommen die Sache noch nicht so fest als wir uns einen Augenblick lang einbildeten. In der Regel tritt das Budget erst dann in Wirksamkeit, wenn es in allen Punkten vereinbart ist, – was davon früher in Ausführung kommt, nimmt der Minister auf seine Verantwortung. Ich habe nun [Minister] Gerber [s. o.] erst mündlich und dann auf seinen Wunsch schriftlich auseinandergesetzt, wie es in jeder Hinsicht besser sei, mich schon zu Ostern meine Vorlesungen eröffnen zu lassen. Meine Gründe leuchteten ihm sichtlich ein, er sprach die Hoffnung aus, mich schon auf Ostern berufen zu können, bat mich jedoch, erst noch eine Nachricht von ihm abzuwarten, ehe ich um meine Entlassung aus dem Justizdienste einkäme. Die Sache ist also so gut wie gewiß, aber gelegt ist das Ei noch nicht, und deshalb werde ich noch ein Weilchen mit dem Gackern warten." In seinem Brief vom 15. Juni 1878 an die Mutter (s. HENRIETTE V. D. GABELENTZ, *Briefwechsel*, S. 50) heißt es dann: „Seit Dienstag Abend befinden wir uns wieder hier […] im schönsten Packen und Räumen, ich vorläufig in wissenschaftlichen Arbeiten und in Erwartung der Berufung, die noch immer kommen soll. Gegen Mitte nächster Woche wird die Schlußberathung des Etats stattfinden; meine Ernennung werde ich wohl unmittelbar darnach erhalten. "

[114] FRANZ HÄUSER (Hg.), *Die Leipziger Rektoratsreden 1871–1933,* Rudolf Leuckart, Jahresbericht, Bd. 1, Berlin: de Gruyter, S. 240.

seiner Familie nach Leipzig umzusiedeln.[115] Dort bezog er eine Wohnung[116] in der Langen Straße 15[117] und später am Schleußiger Weg 3.

Kurz vor Antritt seiner Professur hielt er im September des Jahres 1878 auf dem Orientalistenkongreß in Florenz einen Vortrag über die Verwandtschaft der indochinesischen Sprachen[118] und fand dabei nach Jahren auch Gelegenheit, Emilio Teza[119] (1841–1912) aus Pisa kennenzulernen.

Nach inzwischen aufgenommenem Vorlesungsbetrieb[120] als neubestallter Universitätslehrer absolvierte er am 28. Juni **1879** in Leipzig seine keineswegs

---

[115] In seinem Brief vom 15. Juni 1878 an die Mutter (s. Henriette v. d. Gabelentz, *Briefwechsel*, S. 50) schreibt er: „Wegen des Transportes unsrer Meubles haben wir mit einem Spediteur accordirt. Die Sachen werden vor unsrer hiesigen Wohnung auf den Meubleswagen geladen, mittels dieses selbst, also ohne das gefährliche Umladen per Bahn und bis vor unsre Leipziger Wohnung geschafft, und das Alles für 180 Mk., einen nach hiesigen Preisen bescheidenen Betrag. Die unvermeidlichen Aufbesserungen und Neubeschaffungen fallen am schwersten ins Gewicht."

[116] Im seinem Brief vom 21. Februar 1878 schrieb er: „Am 1. Juli denken wir nun nach Leipzig überzusiedeln, ich natürlich schon im Mai. Zudem werden wir viel Trouble und Kosten mit der Auffrischung unsrer Einrichtung haben. Die Meubles zumal haben nicht ungestraft sechseinhalb Jahre lang mit Dresdener Staub und Dresdener Motten gekämpft. Meine Wäsche ist durchgängig reparirt worden, und unser Hausrath um eine sehr gute Nähmaschine vermehrt. Die anderthalb Monate Doppelwirthschaft in Dresden und Leipzig wollen auch bezahlt sein, sodaß ich im ersten Jahre von der Gehaltserhöhung noch nicht viel verspüren werde, es müßten denn die Collegiengelder über alles Erwarten reichlich ausfallen." Aus wirtschaftlichen Gründen zog er in Leipzig nacheinander in insgesamt vier Wohnungen; s. M. Taube (1982), S. 30.

[117] Zu dieser Wohnung schreibt er am 19. März 1878 an die Mutter (s. Henriette v. d. Gabelentz, *Briefwechsel*, S. 41): „Zu den Wirtschaftsräumen kommen noch einer auf dem Boden und zwei im Keller. Die Räume sind groß und sehr hoch, fast so hoch wie die Münchenbernsdorfer, mein künftiges Zimmer doppelt so groß als mein jetziges. Die Lage wegen des an der Ecke anstoßenden Marienplatzes ziemlich frei, der Miethzins jährlich 1700 Mk."

[118] Hierzu s. B. Schriftenverzeichnis, Nr. (105.)

[119] E. Teza stand mit Georgs Vater Conon insbesondere bezüglich des manjurischen Wörterbuches in engem fachlichen Kontakt. In seinem Brief vom 4. Januar 1875 hatte Georg an seine Schwester geschrieben: „Teza in Pisa ist mir ein lieber Freund geworden, ganz wie er es dem Papa war. Er muß ein ganz prächtiger Mann sein; ich gäbe etwas darum, wenn ich ihn persönlich kennen lernte! Leider kann ich hier [in Dresden], ohne die Poschwitzer Bibliothek, nur selten seine zahlreichen Nachfragen beantworten." S. Clementine v. Münchhausen, *H. Georg v. d. Gabelentz* (1913), S. 101–102.

[120] In seinem Brief an die Mutter vom 11. Februar 1878 (s. Henriette v. d. Gabelentz, *Briefwechsel*, S. 38) schrieb er: „Für die Zukunft stehen unsre Pläne noch sehr in der Schwebe. Schwerlich werde ich meine Vorlesungen schon nach Ostern eröffnen. Vorläufig

unproblematische Antrittsvorlesung, die zwei Jahre später in Aufsatzform erschien.[121] Hierzu berichtete er seiner Schwester in seinem Brief vom 6. Mai 1879: „Meine Antrittsvorlesung macht mir viel Arbeit. Es ist ein heikles Ding. Die Sprachwissenschaft in meinem Sinne wird von denen, welche jahraus jahrein indogermanische Laute vergleichen, nicht recht verstanden und eher angestaunt als anerkannt. Hier eine Verständigung herbeizuführen ohne Empfindlichkeiten zu reizen, kommt mir geradezu wie ein Kunststück vor. Im Gespräche ist mir in dieser Richtung schon manches gelungen; da konnte ich aber auch in leichterem Tone und unbefangener vorgehen. Wie sich die Sache auf dem Katheter der Aula ausnehmen wird, weiß der Himmel."[122]

Über seine Lehrveranstaltungen in Leipzig bemerkte er später: „Als Publikum lese ich vor einem zahlreichen Auditorium eine gemeinverständliche Schilderung der chinesischen Sprache und Literatur und werde allemal beim Beginn und am Schluß mit lauten Ovationen (nach hiesiger Sitte Getrampel) begrüßt."[123]

4.2 Umgeben von einer Reihe hoffnungsvoller Studenten[124] erarbeitete er, der – wie sein Vater CONON – nie in Ostasien gewesen ist, auf Ersuchen eines Verlages[125] seit diesen Jahren seine *Chinesische Grammatik mit Ausschluss des*

---

nehmen wir den 1. Juli als Umzugstermin an. Zuvor Quartiersuche, Ausbessern und Einpacken von Meubles, Abschiedsbesuche u.s.w."

[121] *Die ostasiatischen Studien und die Sprachwissenschaft*; s. B. Schriftenverzeichnis, Nr. (107.)

[122] S. CLEMENTINE V. MÜNCHHAUSEN, *H. Georg v. d. Gabelentz* (1913), S. 109.

[123] Brief vom 19. Mai 1881; s. CLEMENTINE V. MÜNCHHAUSEN, *H. Georg v. d. Gabelentz* (1913), S. 114. Näheres führt er in seinem Brief an die Schwester vom 6. Mai 1879 drei Monate später aus: „Ich lese chinesische Grammatik dreistündig vor 3 Zuhörern und außerdem noch dreistündig privatissime zu Haus vor einem einjährig Freiwilligen, der gern in den Cursus mit eintreten möchte. Drei meiner neuen Zuhörer wollen die Consulatscarrière ergreifen und sind mir daher auch für die nächsten 2–3 Jahre sicher Von meinen Veteranen aus dem vorigen Semester sind nur noch zwei in Leipzig, nette, eminent begabte und fleissige junge Sprachforscher, die sehr häufig bei mir und mit mir verkehren." S. CLEMENTINE V. MÜNCHHAUSEN, *H. Georg v. d. Gabelentz* (1913), S. 108. Zu seinen sonstigen Studentenzahlen s. a. Anm. 150.

[124] S. CLEMENTINE V. MÜNCHHAUSEN, *H. Georg v. d. Gabelentz* (1913), S. 110–111.

[125] In einem Brief an die Mutter vom 1. April 1879 (s. HENRIETTE V. D. GABELENTZ, *Briefwechsel*, S. 58) schreibt er: „Eine Arbeit über die melanesischen Sprachen [s. B. Schriftenverzeichnis, Nr. (120.)] will fertig gemacht, dann die Antrittsvorlesung [s. B. Schriftenverzeichnis, Nr. (107.)] geschrieben werden. Und nun wünscht T. O. Weigel von mir eine ausführliche chi-

niederen Stiles und der heutigen Umgangssprache[126]. Basierend auf zahlreichen Vorarbeiten[127], Erfahrungen und Diskussionen mit seinen „Zuhörern"[128] hatte er ein Konzept für ein solches Werk bereits ein Jahr zuvor (1878) niedergeschrieben.[129] Für die Publikation schloß er am 23. Juni **1879** mit dem Leipziger

---

nesische Grammatik. Ein solcher Antrag war in der That nicht zu erwarten und ist ein wahres Glück für mich."

[126] Dieses monumentale Werk, s. B. Schriftenverzeichnis, Nr. (106.), diente als Grundlage und Leitfaden für Generationen von Sinologen, die ERICH HAENISCH – GABELENTZ' späterer Nachfolger in Berlin – treffend als „Textarbeiter" bezeichnete; s. *Bruno Schindler und die alte Asia Major*, in Asia Major, 12 (1965), S. 8. Das Werk diente als Grundlage, ermunterte zu intensiver Beschäftigung und regte zu Ergänzungen und Fortführungen an, zumal auf chinesischer Seite keine vergleichbare Grammatik existierte; denn abgesehen von Traktaten zu den *xuzi* 虛字, den sog. ‚leeren' (kenematischen) Schriftzeichen (oft auch grammatische ‚Partikel' genannt), und von zahllosen textinterpretierenden Kommentarwerken ist in China aus hier nicht näher auszuführenden Gründen nie eine zusammenfassende eigene Grammatik oder etwas Ähnliches entstanden. Erst in den mehrsprachigen Lexika und Sprachhandbüchern der xenokratischen *Qing*-Dynastie lassen sich aus der Notwendigkeit, damalige Minoritätensprachen zu verarbeiten, Versuche zur Wiedergabe sprachlicher Termini aufspüren. Es ist daher bezeichnend, daß das erste einheimische Sprachhandbuch, betitelt *Mashi wentong* 馬氏文通, unter europäischem Einfluß (d. h. nach Kategorien der lateinischen Grammatik) entstand und erst 1898–1899 im Druck erschien, d. h. 17 Jahre nach GEORGS großer *Chinesischer Grammatik* von 1881. Verfasser waren MA JIANZHONG 馬建忠 (1844–1900) und sein Bruder MA JIANCHANG 馬建常 (1840–1939), die in jesuitischer Umgebung in Zikawei (Xujia hui 徐家匯) bei Shanghai unter P. ANGELO ZOTTOLI (1826–1902) aufgewachsen waren und in Frankreich studiert hatten. Näheres hierzu s. VIVIANE ALLETON, *The Migration of Grammars through Languages: The Chinese Case*, in: Michael Lackner u. Natascha Vittinghoff (ed.), Mapping Meanings (Sinica Leidensia, LXIV), Leiden: Brill (2004), S. 211–238.

[127] Mit den ihm damals zugänglichen Abhandlungen zur chinesischen Grammatik hatte sich GEORG bereits drei Jahre zuvor ausführlich auseinandergesetzt; s. den I. Teil, genannt ‚Literaturgeschichte' seines *Beitrag(s) zur Geschichte der chinesischen Grammatiken und zur Lehre von der grammatischen Behandlung der chinesischen Sprache*, in dem er in chronologischer Folge insgesamt 18 relevante europäische Werke zur chinesischen Grammatik ausgiebig beschreibt und bewertet; in: ZDMG, 32 (1878), S. 601–634; s. B. Schriftenverzeichnis Nr. (48.).

[128] S. in der auf den 13. Oktober 1881 datierten *Vorrede*, S. XIV.

[129] Bislang wurde kaum beachtet, daß GEORG v. d. G. im Teil II – genannt *Aufgaben der grammatischen Behandlung des Chinesischen* – seines zuvor genannten *Beitrag(s) zur Geschichte der chinesischen Grammatiken und zur Lehre von der grammatischen Behandlung der chinesischen Sprache*, in: ZDMG, 32 (1878), S. 634–664, s. Schriftenverzeichnis Nr. (48.), drei Jahre vor der Publikation seiner Chinesischen Grammatik in 83 Punkten seine grundlegenden Vorstellungen zu diesem Thema niedergeschrieben hatte. In Auseinandersetzung mit den bislang erschienenen und von ihm durchgearbeiteten Veröffentlichungen zur chinesischen Grammatik finden sich darin allgemeine Grundsätze (Nr. 1–26), klare Analysen zu

Verleger T. O. WEIGEL[130] einen Vertrag (20 M. pro Druckbogen) ab. Den Druck auch der chinesischen Zeichen besorgte die Fa. ADOLF HOLZMANN[131] (1868–1931), „k. k. Hof- und Universitäts-Buchdrucker in Wien", die später auch durch den Herstellung der hebräischen Bibel von 1896 bekannt wurde. Bereits im Dezember **1880** erreichten GEORG die ersten Korrekturabzüge[132].

Gemäß des brüderlichen Erbvergleichs vom 1. Januar 1880 wurde die väterliche Hinterlassenschaft aufgeteilt. Während der ältere Bruder, der großherzoglich weimarische Kammerherr HANS ALBERT v. d. G., das Gut Lemnitz erhielt, wurde GEORG nun Besitzer von Schloß Poschwitz, einschließlich des sprachwissenschaftlichen Bestandes von dessen Bibliothek[133], allein und somit Begründer der ‚Neuen Poschwitzer Linie'.

Im März **1881** hielt er einen Vortrag[134] am großherzoglichen Hof im nahegelegenen Weimar, wo sein älterer Bruder HANS ALBERT (1834–1892) als Kam-

---

den Casus (Nr. 27–40), Bemerkungen zu den Wortkategorien (Nr. 41–60) und zur Satzlehre (Nr. 61–70). Es folgt eine Gesamtübersicht über das erste grammatische System für den alten Stil (Nr. 71) und über das zweite (synthetische) System (Nr. 72–81), endend mit einem Schluss (Nr. 82–83). Darin betont er (S. 659, Nr. 71) allerdings, daß „ich selbst noch in vielen Einzelheiten mit mir nicht einig bin." So unterscheidet sich das fertige, i. J. 1881 erschienene Produkt dann auch in vielen Punkten von dem i. J. 1878 projektierten. Die (anonyme) Besprechung des genannten Beitrages, der 1879 in der Zeitschrift China Review, vol. 7, Heft 3, S. 199–200, erschien, endet mit diesen Worten: "The whole pamphlet deserves the attention of all Sinologists, and should be well pondered by all would-be grammarians of the Chinese language."

[130] THEODOR OSWALD WEIGEL (1812–1881) war ein bekannter Verleger linguistischer, historischer, theologischer und auch naturwissenschaftlicher Bücher in der Verlagsstadt Leipzig. Alle drei Hauptwerke GEORGS v. d. G., s. B. Schriftenverzeichnis Nr. (106.), (138.), (292.), von 1881, 1883 und 1891 erschienen in diesem Verlag, den der Vater JOHANN AUGUST GOTTLOB WEIGEL (1773–1846) i. J. 1795 als Auktionshaus gegründet hatte. Nach dem Tod T. O. WEIGELS ging der Verlag 1888 an CHRISTIAN HERMANN TAUCHNITZ, Mitglied der bekannten Leipziger Druckerfamilie, über. S. HORST RIEDEL, *Stadtlexikon Leipzig von A bis Z*, Leipzig: ProLeipzig (2005), S. 635–636.

[131] Hierzu s. GEORG LEHNER, *Der Druck chinesischer Zeichen in Europa, Entwicklungen im 19. Jahrhundert*, Wiesbaden: Harrassowitz (2004), S. 180–190.

[132] S. CLEMENTINE V. MÜNCHHAUSEN, *H. Georg v. d. Gabelentz* (1913), S. 113. In seinem Brief vom 3. Dezember 1880 an seine Mutter (s. HENRIETTE V. D. GABELENTZ, *Briefwechsel*, S. 89) schreibt er: „Von meiner Grammatik liegen mir die ersten Druckbogen vor; es wird ein in jeder Hinsicht stattliches Buch werden."

[133] Näheres s. Anm. 39.

[134] Hierzu schreibt er in seinem Brief vom 12. März 1881 an seine Mutter (s. HENRIETTE V. D. GABELENTZ, *Briefwechsel*, S. 94): „Die Weimarer Tour verlief übrigens sehr angenehm. Großherzog [CARL ALEXANDER, reg. 1853–1901] und Großherzogin [SOPHIE, 1824–1897]

merherr und Oberhofmeister wirkte, und nahm im September am V. Internationalen Orientalistenkongreß in Berlin teil.[135] Am 30. September 1881 berichtete er an seine Schwester: „Die Abfassung meiner Grammatik eilt mit Riesenschritten ihrem Ende zu, und auch der Druck wird brav beschleunigt. Es wird aber auch Zeit, denn ich werde nachgerade der Sache herzlich müde und sehne mich nach anderer Arbeit. Jetzt empfinde ich an dem Buche die schwachen Seiten lebhafter als die starken; hoffentlich wird das anders, wenn es erst wohlgebunden fix und fertig auf meinem Tische liegt, und mir andere Leute angenehme Dinge darüber sagen."[136] Im Oktober 1881 hatte er die Korrekturen zu seiner *Chinesische Grammatik* vollständig abgeschlossen[137] und rechnete nach dem bald darauf zu erwartete Druck[138] mit der Auszahlung des Verlagshonorars noch Anfang Dezember.[139] Im März des folgenden Jahres **1882** wußte er bereits gute Resultate zu vermelden: „Von meinem Buche habe ich bis heute drei durchweg sehr lobende Kritiken zu lesen bekommen, und

---

waren sichtlich erfreut über meinen Vortrag und voller Liebenswürdigkeit gegen mich. Dienstag war ich zu einem ganz kleinen Herrendiner bei Hofe; die Gesellschaft konnte gar nicht behaglicher und geistig angeregter sein. Albert hat sichtlich in Weimar eine sehr angenehme und angesehene Stellung. Der Großherzog war mir gegenüber voll seines Lobes und wünschte sich – das waren etwa seine Worte – Glück, in einem solchen Hause verkehren zu können."

[135] In einem Brief aus Lemnitz vom 7. September 1881 an seine Mutter schreibt er (s. Henriette v. d. Gabelentz, *Briefwechsel*, S. 100): „Sonnabend reise ich nach Berlin, mache dort am Sonntage einige Besuche, habe Montag bis Sonnabend Congreß und kehre am 18. wieder hierher zurück. Grube, noch in Oberbayern, hat Mißgeschick mit seinem Koffer gehabt, den er erst nach dreiwöchigen Bemühungen wiedererlangt hat. In Folge dessen konnte er nicht nach Berlin, wird uns aber in etwa 3 Wochen hier besuchen." Auf diesem Kongreß in Berlin hatte Georg in einem englischen Vortrag seine im Erscheinen begriffene Grammatik vorgestellt: *On a new Chinese Grammar*; s. B. Schriftenverzeichnis, Nr. (121.).

[136] Clementine v. Münchhausen, *H. Georg v. d. Gabelentz* (1913), S. 114–115.

[137] „In der hiesigen ungestörten Ruhe [von Lemnitz] ist mein Buch endlich druckfertig geworden, und nun kann ich wieder freier aufatmen." S. den Brief vom 10. Oktober 1881 an seine Mutter (Henriette v. d. Gabelentz, *Briefwechsel*, S. 107).

[138] In seinem Brief vom 6. November 1881 (S. 108) bemerkt er: „Der Druck meiner Grammatik wird in 14 Tagen bis 3 Wochen beendigt sein, und manche kleineren Arbeiten, welche solange liegen bleiben mußten, können nun endlich zur Erledigung kommen. Es war aber ein böses Jahr bis jetzt, und ich freue mich auf ruhigere Zeiten."

[139] In dem genannten Brief schreibt er: „Das Honorar von Weigel werde ich kaum vor Anfang Dezember, nach dem Erscheinen meines Werkes, erhalten, etwa gleichzeitig mit meinem Gehalte für das 4te Quartal. Wenn mir nur das Buch auch die ordentliche Professur und eine Gehaltserhöhung einbringt!"

auch mein Verleger ist mit der Zahl der Bestellungen – vor einigen Wochen schon über 260 – sehr zufrieden."[140] In demselben Brief äußerte sich GEORG auch über seinen Anteil an der Verbreitung des damals eingeführten japanischen *Go*-Spiels.[141]

Einer der im Schriftenverzeichnis genannten Rezensenten der *Chinesischen Grammatik,* GEORGS Student und Mitarbeiter WILHELM GRUBE, vermerkt im gleichen Jahr 1882[142]: „es ist erstaunlich, wie der Verf. oft mit einer Art divinatorischem Blick die feinsten Färbungen und Schattierungen sprachlicher Subjectivität gleichsam erst zu errathen und dann zu fixieren und zu erweisen verstanden hat. Meines Erachtens bildet die Lehre von den modalen Hilfswörtern den eigentlichen Glanzpunkt der grammatischen Darstellung." Nach seinem Urteil habe das Werk „für die Sinologie eine epochemachende Bedeutung. [...] Man wird über sie hinausgehen, nicht aber sie umgehen können." In seiner Zusammenfassung beurteilte GRUBE das Werk, das er mit den Vorgängerarbeiten verglich: „Schon durch die Gliederung in ein analytisches und synthetisches System [...] erscheint hier die Sprache in einer völlig neuen Darstellung. Besonders aber ist es die Lehre von den Partikeln, die Alles, was bis dahin in der Behandlung dieses für die chinesische Grammatik so wichtigen Capitels versucht worden ist, weit hinter sich zurückläßt. Hier gerade zeigt sich so recht die vollendete Meisterschaft in der psychologi-

---

[140] Brief vom 17. März 1882 an seine Mutter (s. HENRIETTE V. D. GABELENTZ, *Briefwechsel,* S. 117): „Die Brockhause [Firma Brockhaus in Leipzig] sollen dem Buche ein sehr günstiges buchhändlerisches Prognostikum stellen: daß binnen fünf Jahren 400 Exemplare abgesetzt würden (was mir weitere 1000 M. Honorar einbrächte), wäre so gut wie gewiß."

[141] In dem vorgenannten Brief heißt es: „Paulinen [Georgs ältere Schwester] wird es interessieren zu erfahren, daß das Go sich hier einbürgern zu wollen scheint. Der berühmte Schachspieler Schurig hat sich deswegen an mich gewendet und besucht mich öfter, um das Spiel zu üben. Er sagt, er kann sich denken, daß dasselbe es dem Schach an Feinheit und Spannung gleichwo zuvor thue!" Hingewiesen ist hier auf den damals bekannten Leipziger Schachspieler RICHARD SCHURIG, den Erfinder des sog. Räuberschachs und Autor eines bekannten *Lehrbuch des Schach- und Scat-Spiels,* Leipzig: Wiegand (1879). GEORGS Bekanntschaft mit diesem Spiel hing wahrscheinlich mit seinem Kontakt zu OSCAR KORSCHELT (s. Anm. 109), seinem Lieferanten japanischer Bücher, zusammen, über dessen Veröffentlichung zum Go-Spiel er ein Jahr zuvor (1881) eine Rezension verfaßt hatte; s. B. Schriftenverzeichnis, Nr. (116.). Zuvor schrieb GEORG in seinem Brief vom 3. Februar 1882 (s. HENRIETTE V. D. GABELENTZ, *Briefwechsel,* S. 114): „Hawsky [Name einer Firma ?] habe ich für das Go begeistert; er läßt jetzt für sein Geschäft Spiele anfertigen, und die Illustr. Zeitung wird einen Aufsatz von mir darüber bringen."

[142] In: Zeitschrift d. Deutschen Morgenländischen Gesellschaft (ZDMG), Bd. 36 (1882), S. 718–719.

schen Analyse [...]. Und welcher Reichthum an neuen Gesichtspunkten für die Beurteilung nicht nur der Lautgeschichte des Chinesischen, sondern auch seiner Stellung im Kreise verwandter Sprachen [...] Doppelt erstaunlich erscheint jedoch das Buch als wissenschaftliche Leistung, wenn man in Betracht zieht, daß Gabelentz' Belesenheit in der chinesischen Litteratur sich in verhältnismäßig recht engen Grenzen bewegte. Gewiß verlangen manche Einzelheiten eine Berichtigung oder Ergänzung, aber als Ganzes genommen liegt hier eine grammatische Darstellung vor, die so leicht nicht überboten werden dürfte."[143]

In ähnlicher Weise urteilte zwei Jahrzehnte später der stets kritische ERWIN v. ZACH[144] (1872–1942): „Das Werk hat so eminente Qualitäten, dass es nicht so leicht durch ein neues ersetzt werden kann."[145] Er bewertete das Werk für die chinesische Linguistik als so fundamental, daß er sich mehrere Jahre (1926 bis 1930) hindurch der Mühe unterzog, eine große Zahl (etwa 500) von Ergänzungen, Erweiterungen, Zusätze und Korrekturen zusammenzutragen.[146] Seine Zeitgenossen und auch die sinologische Nachwelt zollten dem Buch als Grundlagenwerk größtenteils Respekt.[147] „Dieses Werk [...] baute auf dem

---

[143] W. GRUBE (1905), S. 551.

[144] Zu diesem s. u.a. ALFRED FORKE, *Erwin Ritter von Zach in memoriam*, in: Zeitschrift der Deutschen Morgenländischen Gesellschaft, Bd. 97, Heft 1 (1943), S. 1–15; B. FÜHRER, *Vergessen* (2001), S. 157–187.

[145] ERWIN V. ZACH, *Zum Ausbau der Gabelentzschen Grammatik*, Teil I, in: AM, 3 (1926), Nachdruck (1944), S. 1; s. in B. Schriftenverzeichnis, Nr. (106.)

[146] S. B. Schriftenverzeichnis Nr. (106.), Ergänzungen.

[147] Bei den Fachgenossen stieß GEORGS monumentale *Chinesische Grammatik* größenteils auf Anerkennung und seine Ergebnisse auf Zustimmung – s. die Rezensionen im B. Schriftenverzeichnis, Nr. (106.) Bei manchen jedoch, oft aus Überforderung, rief es auch Kritik hervor, so schon bei FRIEDRICH TECHMER (1843–1891) in Leipzig, und FRANZ MISTELI (1841–1903) in Basel, aber auch z. B. bei dem Chinakenner CARL ARENDT (1838–1902, s.u.), der bei einer Begegnung im Berliner Orientalischen Seminar (SOS) i. J. 1887 angesichts der *Chinesischen Grammatik* äußerte: „Ach, das ist das Unglück" (s. einen Brief von CARL FLORENZ an GEORG v. d. G. v. 4. Nov. 1887; ThStA, Familienarchiv v. d. Gabelentz, Nr. 889); späterhin bei OTTO FRANKE (1863–1946), z. B. in *Die sinologischen Studien in Deutschland*, in: ders., Ostasiatische Neubildungen, Hamburg (1911), S, 365, – ergänzend hierzu s. K. KADEN (2001, s. Anm. 96), S. 197 – und bei dem notorisch kritischen ERWIN V. ZACH (s. o.), z. B. in seiner Bespr. v. F. LESSINGS, *Vergleich der wichtigsten Formwörter*, in: Deutsche Wacht, 12, Batavia (1926), 6, S. 39, wo er – im Unterschied zu oben erwähnter Äußerung – etwas unnachsichtig vermerkt: „V. d. Gabelentz' große chinesische Grammatik (1881) ist trotz unleugbarer Vorzüge so reich an irrtümlichen Auffassungen, Übergehungen, Text- und Übersetzungsfehlern, daß sie von Anfängern überhaupt nicht gebraucht werden kann. [...]" usw.

Schottschen Ansatz der Erklärung der chinesischen Sprache auf und führte in seiner konsequenten Durchführung zu einer vollständigen Reform vorherrschender Grammatikvorstellungen und zu einer radikalen Infragestellung der Ansicht, daß die chinesische Sprache keine Grammatik besitze."[148]

Aufgrund seiner Publikationserfolge erhielt GEORG am 30. Juni **1882** ein sog. persönliches Ordinariat, er wurde zum ordentlichen Honorarprofessor (*Professor ordinarius honorarius*) ernannt.[149] Nach den Vorlesungsverzeichnissen der Universität Leipzig hielt er dort vom WS 1878 bis zum WS 1889 Lehrveranstaltungen ab, von denen jeweils 42 China (davon 22 die chinesische Grammatik, 13 chinesische Textlektüre, 4 chinesische Sprache und Literatur, 3 Konfuzius), 16 das Japanische, 11 das Manjurische, 6 das Malaiische und 18 die allgemeine und sinologische Sprachwissenschaft betrafen, allerdings, wie schon zuvor bemerkt, oft vor weniger als zehn Zuhörern.[150]

---

[148] M. LEUTNER (1987), S. 35.

[149] Vorbereitend hierzu vermerkt GEORG in einem Brief vom 1. Mai 1882 an seine Mutter (s. HENRIETTE V. D. GABELENTZ, *Briefwechsel*, S. 119): „Mein College [Ludolf] Krehl [1825–1901, Orientalist in Leipzig] hat neulich beim Minister von Gerber [Carl Friedr. Wilhelm v. Gerber, 1823–1891, seit 1871 Königl. Sächs. Minister des Cultus und öffentl. Unterrichts] meine Ernennung zum ordentlichen Professor angeregt. Dieser ist ganz einverstanden, erwartet aber noch einen Antrag seitens der Facultät, der hoffentlich nicht ausbleiben wird. Eine Gehaltserhöhung ist dann auch wahrscheinlich. Es steht doch nicht so schlimm mit den brodlosen Künsten!" Weiter berichtet er in seinem Brief vom 27. Juni 1882 (s. HENRIETTE V. D. GABELENTZ, *Briefwechsel*, S. 123): „Die Facultät wird beim Ministerium beantragen, daß ich zum ordentlichen Honorarprofessor ernannt werde. Ich hatte gehofft, zum ordentlichen Professor *sans phrase*, um auch mein Fach anerkannt zu sehen. Man versichert mich, meine Persönlichkeit und meine Leistung seien in der Sitzung allerseits sehr warm anerkannt worden, – was ja auch das Ergebniß beweist, – nur die unbedingte Nothwendigkeit meines Lehrstuhles habe einem Theile der Collegen nicht eingeleuchtet. Um eine Gehaltserhöhung werde ich jedenfalls bitten."

[150] Hierzu s. a. TAUBE (1982), S. 30. In einem Brief an seine Mutter vom 6. November 1881 schreibt er (s. HENRIETTE V. D. GABELENTZ, *Briefwechsel*, S. 108): „Zum Glücke machen mir meine Collegien nicht viel Mühe. Im Mandschu habe ich acht, im Chinesischen drei Zuhörer, und Letztere kommen zu mir auf mein Zimmer, wo Alles behaglicher abgemacht werden kann." Ein erhaltener Belegbogen vom Wintersemester 1882 verzeichnet 6 Teilnehmer an seinem Mandschu-Kurs; s. M. GIMM, in: Central Asiatic Journal, 54 (2010), S. 234. S. a. ThStA, Familienarchiv v. d. Gabelentz, Nr. 903. In einem Brief vom 29. April 1884 (s. HENRIETTE V. D. GABELENTZ, *Briefwechsel*, Bd. 2, S. 38) schreibt er: „Meine japanische Vorlesung habe ich heute mit vier Zuhörern eröffnet, einer ungewöhnlich hohen Zahl für den Gegenstand." Ebenso in einem Brief vom 28. Oktober 1884 (s. HENRIETTE V. D. GABELENTZ, *Briefwechsel*, Bd. 2, S. 62): „Meine Vorlesungen habe ich heute angefangen, vorläufig mit drei Zuhörern." In einem weiteren Brief vom 29. April 1885 (S. 77) bekennt er: „Gestern habe ich meine Collegien eröffnet: Japanisch mit 5, Mandschu mit 8 und Allgemeine Sprachwissenschaft mit gegen 20 Zuhörern." In einem Brief an seine Mutter

4. Universitätsprofessor in Leipzig (1878–1889)

4.3 Im darauffolgenden Jahr **1883** schloß er am 8. März mit dem genannten Verlag WEIGEL einen weiteren Vertrag (Honorar 400 M.) über sein Einführungswerk *Anfangsgründe der chinesischen Grammatik mit Übungsstücken* ab, das ebenfalls bei HOLZMANN in Wien gedruckt wurde und noch in demselben Jahr erschien.[151] Seine Hoffnung, dadurch den *Prix Stanislas Julien* zu erlangen, erfüllte sich jedoch nicht.[152]

Im Unterschied zu seiner systematisch angelegten großen Grammatik von 1880 verband er mit den drei Jahre später erschienenen *Anfangsgründen* die Absicht, eine Art Einleitung in diese Materie zu bieten. In seiner *Vorrede* bezeichnet er sein großes Werk als ein „ausführliches Lehrbuch" (S. III) und seine *Anfangsgründe* als eine „Elementarlehre" dazu; denn „ein Anderes ist es, ein Gebäude errichten, ein Anderes, seine Gäste in den fertigen Bau einführen" (S. IV). „Ich bin der Zuversicht, dass dieses Büchlein das Studium seines Vorgängers erheblich vereinfachen werde" (S. VI). W. GRUBE charakterisierte es so: „Dieses Buch ist jedoch nicht etwa ein bloßer Auszug aus dem größeren Werk, vielmehr bietet es eine von diesem durchaus abweichende, selbständige Behandlung des Gegenstandes. Galt es dort der Sprache als ei-

---

vom 2. November 1889 (s. HENRIETTE v. d. GABELENTZ, *Briefwechsel*, Bd. 2, S. 149) berichtet er über sein Leben in Berlin: „Ich habe nun schon Vielerlei mitgemacht: Dienstag Nachmittag um 4 eröffnete ich meine Vorlesungen, hatte im Chinesischen 9, in der Sprachwissenschaft nur 4 Zuhörer und brachte es mit diesen gleich zu einem frischen Wechselverkehre." Zu seinen Studentenzahlen im SS 1879 s. Anm. 123.

[151] S. B. Schriftenverzeichnis, Nr. (138.). In einem Brief an A. F. POTT vom 28. Januar 1883 vermerkt er: „Eben schreibe ich an einer chinesischen Elementargrammatik, einem winzigen Dinge, wohl noch kleiner als der alte Rémusat, natürlich im Sinne des größeren Buches aber in anderer, wie ich hoffe, für den Anfänger bequemerer Anordnung. Die Arbeit macht mir viel Mühe und Kopf–zerbrechen, und für jeden Fingerzeig bin ich herzlich dankbar. Geht alles gut, so hoffe ich, sie Ihnen im Herbste gedruckt vorlegen zu können. Ich denke, sie soll helfen der größeren, älteren Schwester Eingang zu verschaffen und die Sinologen an etwas strengere Prinzipien im Über–setzen der Texte zu gewöhnen." In einem Brief an seine Mutter vom 25. März 1883 (s. HENRIETTE v. d. GABELENTZ, *Briefwechsel*, Bd. 2, S. 12) heißt es: „Von der kleinen Grammatik, die ich eben drucken lasse, verspreche ich mir viel, nachdem die große von allen Seiten mit fast unerhörtem Beifalle aufgenommen worden ist. Es wird ein winziges Ding, ganz für Anfänger, macht mir aber gerade darum große Mühe."

[152] In einem Brief an seine Mutter vom 22. März 1883 (s. HENRIETTE v. d. GABELENTZ, *Briefwechsel*, S. 8) schreibt er: „Ich selbst bin hier stark in Anspruch genommen. Ein kleines Buch, das ich eben drucken lasse, soll mir hoffentlich im nächsten Jahre den Preis Stanislas Julien zu 1500 francs einbringen." – Der *Prix Stanislas Julien*, der seit 1875 jährlich von der *Académie des Inscriptions et Belles-Lettres* in Paris verliehen wurde, ging indes im Jahre 1883 an MAURICE JAMETEL und 1884 an P. SÉRAPHIN ZOTTOLI.

ner Gesammtheit von Erscheinungen zugleich in allen ihren Theilen durch eine erschöpfende wissenschaftliche Darstellung gerecht zu werden, so hatten hier in erster Linie didaktische Erwägungen den Ausschlag gegeben."[153] Wegen der leichteren Zugänglichkeit scheinen die *Anfangsgründe* in der Folgezeit unter den an chinesischen ‚Kuriositäten' interessierten Laien eine größere Verbreitung als das Hauptwerk gefunden zu haben.[154]

Wenn GRUBE zu diesem Werk auch bemerkt: „Zum Unterschied von der großen Grammatik wird in den ‚Anfangsgründen' überdies auch die neuere Sprache und der niedere Stil berücksichtigt. Leider hatte sich aber G. damit an ein Gebiet herangewagt, welches er nur sehr ungenügend beherrschte"[155], so rührt er an dem für diese Zeit charakteristischen Thema der unzureichenden Landeskenntnis und fehlenden Kompetenz in der Umgangssprache; denn sowohl GEORG wie sein Vater CONON waren nie in Ostasien gewesen.

Nach den Familienaufzeichnungen zu urteilen legte der Vater CONON weniger Wert auf Erfahrungen im Sprechen als im Lesen und Verstehen seiner linguistischen Studienobjekte und strebte Sprechfertigkeiten auch kaum an. Seine Tochter CLEMENTINE bemerkte hierzu: „er [...] klagte, dass seine Sprachwerkzeuge nicht biegsam seien und ihm das Nachahmen ausländischer Accente [...] nicht gestatteten."[156] Dennoch hatte er sich, soweit es seine hiesigen Möglichkeiten erlaubten, auch um praktische Sprachbelange – darunter auch um das gesprochene Manjurisch[157] – bemüht. Jedoch dürfte es damals recht schwierig gewesen sein, mit einheimischen Sprechern in Kontakt zu kommen[158]. Soweit bekannt, hatte CONON nur einmal Chinesen getroffen, und

---

[153] W. GRUBE (1905), S. 552.

[154] So erwarb z. B. KARL MAY (1842–1912) dieses Werk nur einige Jahre nach seiner Publikation (s. Karl-May-Bibliothek Nr. 899) und verwendete es als Hauptquelle für seine chinesische Wörterliste, die er dann auch in einigen seiner Schriften einsetzte. Hierzu s. WALTER SCHINZEL-LANG, *Karl Mays chinesische Vokabelliste – ein Kommentar*, in: Jahrbuch der Karl May-Gesellschaft 1997, Husum (1997), S. 72–100; s. S. 75 u. ö.; s. a. die Jahrgänge 1986, S. 69–87 und 1991, S. 287–319.

[155] W. GRUBE (1905), S. 552.

[156] CLEMENTINE V. MÜNCHHAUSEN, *Hans Conon von der Gabelentz* (1910), S. 145.

[157] S. Anm. 77, Ende.

[158] Man sollte hier erwähnen, daß JOHANN HEINRICH PLATH (1802–1874), der seit 1830 als Privatdozent in Göttingen Chinesisch lehrte, in einem Brief an CONON vom 16. Januar 1830 betonte: „ich habe noch keine Chinesen selbst [sprechen] gehört." Hierzu s. GIMM, *Hans Conon von der Gabelentz (1807–1874) und die erste manjurische Grammatik in Deutschland*, in: Oriens Extremus, 40 (1997), S. 228, Anm. 34, und die dort erwähnte Literatur.

zwar bei einem Besuch am 26. Januar 1853 in Halle.[159] Es handelte sich hier möglicherweise um die beiden südchinesischen Handelsleute[160], die am 17. Oktober 1822 auch GOETHE in Weimar besucht hatten und über die HEINRICH HEINE ein Gedicht schrieb. Auch der oben erwähnte Berliner Sinologe WILHELM SCHOTT pflegte zeitweilig Umgang mit diesen. Ein Jahrzehnt später, nach Rückkehr seiner Tochter PAULINE V. CARLOWITZ (1836–1885, s. o.) von ihrem achtjährigen Chinaaufenthalt (1855 bis 1862; s. Anm. 41), fand CONON ab Juli 1862 dann Gelegenheit, sich mit der kantonesischen Umgangssprache zu beschäftigen, die die von der Tochter aus China mitgeführte Amah namens AQUI [d. i. vermutlich AGUI 阿桂 oder 阿貴] sowie die zwei dort geborenen Kinder HANS CHRISTOPH RICHARD (1856–1917, geb. in Kanton) und CLEMENTINE HENRIETTE MARGARETE (1858–1945, geb. in Macao) sprachen. In einem Brief an WILHELM SCHOTT vom 1. August 1862 vermerkte der Vater dazu: „In meinem Hause ist jetzt Chinesisch in reinstem Canton-Dialekt sehr gebräuchlich, da meine Tochter [PAULINE] eine Chinesin als Kinderwärterin mitgebracht hat und die Kinder unter sich fast nur Chinesisch sprechen."[161] Leider hat CONON nichts über seine diesbezüglichen Erfahrungen veröffentlicht.

Wie es scheint, hatte auch GEORG – zumindest vor seiner Berliner Zeit (seit 1889) – nur wenig Kontakt zu gesprochenem Chinesisch, zumal man zu seiner Zeit bei den Universitätsveranstaltungen weniger Wert auf Sprachvermittlung denn auf Sprachforschung legte.[162] Von seinen Verbindungen

---

[159] S. seinen sog. *Schreibkalender* des Jahres 1853, aufbewahrt in ThStA, Nr. 1282, unter oben genanntem Datum.

[160] Details hierzu s. bei RAINER SCHWARZ, *Heinrich Heines ‚chinesische Prinzessin' und seine beiden chinesischen Gelehrten*, in: Nachrichten d. Gesellsch. f. Natur- u. Völkerkde. Ostasiens, 144 (1988), S. 71–94; s. a. GIMM., *Zu Klaproths erstem Katalog chinesischer Bücher*, in: H. Schmidt-Glintzer (Hg.), Das andere China, Wolfenbüttel (1995), S. 564–565, Anm. 10; ERICH GÜTINGER, *Die Geschichte der Chinesen in Deutschland* (2004), S. 56–110.

[161] Bisher unveröffentlicht; aufbewahrt in ThStA, Familienarchiv v. d. Gabelentz Nr. 634.

[162] Im übrigen hielt er das nordchinesische Idiom (damals *Mandarin* genannt) als für seine Belange recht ungeeignet. In seiner *Chinesischen Grammatik* von 1881 vermerkt er hierzu (§ 37): „Der sogenannte Mandarinendialekt,官話 *kuān-hoá*, ist der verbreitetste und angesehenste, aber auch, soviel bekannt, der lautlich verschliffenste und verderbteste unter allen Dialekten der Sprache. […] Er wird von den Beamten bevorzugt, von den europäischen Diplomaten erlernt. Die Wissenschaft darf dieser Methode nicht folgen. Die Pekinger Mundart ist vielleicht von Allen die lautärmste, daher die an Homophonen reichste, daher die für wissenschaftliche Zwecke ungeeignetste." Im Unterschied hierzu bemerkt er zu dem um die Stadt *Nanjing* gesprochenen Dialekt: „So wie er die Schriften der Jesuiten aus dem 17. und 18. Jahrhundert und in den meisten Transscriptionen der Mandschu wiedergegeben ist, sollte er von uns für alle wissenschaftlichen Zwecke angenommen werden."

zu Chinesen in Deutschland wurde bisher nur bekannt, daß er einige Jahre hindurch eine Freundschaft mit YINCHANG[163]廕昌 (1859–1934) pflegte. Dieser war ein gebildeter Manjure, damals Attaché an der chinesischen Botschaft in Berlin, der eine hervorragende klassische Ausbildung genossen hatte und auch gut Deutsch sprechen konnte. Georg hatte ihn vermutlich um 1879 in Berlin kennengelernt[164] und erwähnt ihn 1883 ausdrücklich in einem Vorwort seiner *Anfangsgründe der chinesischen Grammatik* als Informant und Gewährsmann für die Richtigkeit seiner chinesischen Textinterpretationen: „Konnte ich mir einen competenteren Beurtheiler wünschen?" [165]

4.4 Die elf Leipziger Jahre (1878–1889) wurden für GEORG die fruchtbarsten seines Lebens, obschon die von den Kollegen erwartete Anerkennung (darunter von den sog. ‚Junggrammatikern'), wie zu erwarten, etwas zu wünschen übrig ließ.[166] Schon am 17. Mai 1880 hatte er sich in einem Brief

---

[163] YINCHANG (manjur. INCANG) hielt sich zu dieser Zeit – 1874 (oder 1877) bis 1884 – zunächst als Dolmetscher und später als Generalleutnant und Militärattaché an der Kaiserlich-chinesischen Botschaft in Berlin auf. Er begleitete i. J. 1901 den Prinzen Chun 醇親王‚mit Namen ZAIFENG 載灃(1883–1951) – Vater des letzten Kaisers PUYI –, auf seiner sog. Sühnemission in Berlin und war in den Jahren 1901 bis 1906 sowie 1908 bis 1909 dort als Gesandter tätig. Seit 1910 wirkte er in China als Vertrauter YUAN SHIKAIS 袁世凱 (1859–1916) kurzzeitig auch als Kriegsminister. Er war manjurischer Abstammung vom Einfachen weißen Banner, Bannerkommandant im Rang 2 A, und mit einer deutschen Frau verheiratet. Nach chinesischen Quellen verstarb er bereits 1928. Zu ihm s. JOSEPH KÜRSCHNER [1853–1902, geb. in Gotha], *China. Schilderungen aus Leben und Geschichte, Krieg und Sieg*, Leipzig: Zieger (1901), Sp. 387–388; WOLFGANG SEUBERLICH, *Yin-ch'ang, Aufzeichnungen über einen Mandschu-General und Diplomaten der Übergangszeit*, in: L. Brüll u. U. Kemper (Hg.), Asien, Tradition und Fortschritt, Festschrift f. Horst Hammitzsch, Wiesbaden: Harrassowitz (1971), S. 569–583; *Qingji zhongwai shiling nianbiao* 清季中外使領年表, Beijing: Zhonghua shuju (1985), S. 10; STEFANIE HETZE, *Feindbild und Exotik, Prinz Chun zur ‚Sühnemission' in Berlin*, in: KUO HENG-YÜ (Hg.), Berlin und China. Dreihundert Jahre wechselvolle Beziehungen, Berlin: Colloquium (1987), S. 79–88 (Photo S. 84: YINCHANG links neben dem Prinzen); E. GÜTINGER, *Die Geschichte der Chinesen in Deutschland* (2004), S. 134, 153–156.

[164] In einem leider undatierten Brief seiner Mutter (s. HENRIETTE V. D. GABELENTZ, *Briefwechsel*, S. 56) heißt es: „[Georgs Schwester] Pauline schreibt, daß Du in Berlin warst, und den chin. Gesandten kennenlerntest. Wir freuen uns darauf, Näheres durch Dich darüber zu hören."

[165] *Anfangsgründe*, s. B. Schriftenverzeichnis, Nr. (138.), Vorrede, S. VII.

[166] S. J. SCHUBERT (1962), S. 411: „Gabelentz' Einfluß auf seine Universitätskollegen scheint aus den oben angeführten Gründen nicht das Ausmaß und die Stärke gehabt zu haben, die man erwarten sollte, sowohl hinsichtlich seiner überragenden Bedeutung als Sprachforscher wie auch angesichts des Umstandes, daß Leipzig schon damals gerade einen Mittelpunkt der Linguistik war. […] Als Lehrer soll v. d. Gabelentz große Fähigkeiten

an seine Schwester Clementine wie folgt geäußert:[167] „Leipzig wird so die Hauptuniversität für allgemeine Sprachwissenschaft und soll dies unserem Plane nach immer noch mehr werden. Mit der Zeit wollen wir auch über Sprachen von anderen Stämmen lesen. Es gilt, endlich der Sprachwissenschaft in Humboldts und Papas Sinne volle Geltung zu verschaffen. Die Indogermanisten mit ihren Lautvergleichen bilden sich ein, Linguisten par excellence zu sein. Solange Schleicher [August Schleicher (1821–1868), Indogermanist] und Curtius [Ernst Curtius (1814–1896), Altphilologe] dominirten, konnten sie den Schwarm der klassischen Philologen an sich fesseln. Solange das Sanskrit als älteste Sprache des Stammes eine unbestrittene Herrschaft ausübte, übte es eine mächtige Zugkraft aus. – Alles das ist jetzt anders geworden. Die Indogermanistik macht eine wunderbare Mauser durch und rupft nachgerade mit wahrer Lust sich selbst ihre glänzenden Federn aus. Sanskrit ist nicht mehr alleinige Wortführerin, und der Born seiner Literatur ist schon soweit erschöpft, daß die unermüdlichen Herausgeber schon oft recht fades Zeug mit abdrucken lassen. Mit den semitischen Studien steht es kaum besser. Auszubauen und zu berichtigen gibt es natürlich noch allerwärts, viel Neues aber kann, außer in den Keilschriften Assyriens, nicht mehr zu holen sein. Meine Kollegen klagen über die sichtliche Abnahme der orientalischen Interessen, mich aber entmutigt das gar nicht. Junge Leute werden immer lieber im frischen Grün weiden als auf dem Stoppelacker Aehren lesen."

Am 21. Dezember 1883 erwarb er auch das Bürgerrecht der Stadt Leipzig, hielt im Oktober **1884** einen Vortrag im Verein für Erdkunde[168] in Leipzig und wirkte seitdem (von 1884 bis 1889) auch als Koeditor an Friedrich Techmers[169] (1843–1891) renommierter *Internationalen Zeitschrift für Allgemeine Sprachwissenschaft* mit.

---

besessen haben: seine Schüler rühmten seinen Vortrag als ebenso inhaltsreich wie fesselnd."

[167] S. Clementine v. Münchhausen, *H. Georg v. d. Gabelentz* (1913), S. 111–113; s. a. Richter (1979), S. 54–55; Taube (1982), S. 34.

[168] S. Brief an seine Mutter (s. Henriette v. d. Gabelentz, *Briefwechsel*, Bd. 2, S. 67): „Sonnabend Abend habe ich im Verein für Erdkunde hier einen kleinen Vortrag gehalten; im Tageblatt oder in der Leipziger Zeitung wird wohl ein Referat darüber erscheinen."

[169] S. E. F. K. Koerner, *The Importance of Techmer's Internationale Zeitschrift für Allgemeine Sprachwissenschaft in the development of general linguistics* (Amsterdam Studies in the Theory and History of Linguistic Science III, Studies in the History of Linguistics, vol. 1), Amsterdam: Benjamins (1973).

Am 2. Februar **1885** wurde er zum ordentlichen Mitglied der Königlich Sächsischen Gesellschaft der Wissenschaften[170] in Leipzig gewählt, wo er am 11. Dezember **1886** einen denkwürdigen Vortrag über seinen Vater Conon[171] hielt. Im September-Oktober 1886 nahm er als Delegierter am VII. internationalen Orientalisten-Kongreß in Wien teil, wo er sich an Diskussionen über ozeanische und chinesische Sprachen beteiligte.[172] Im Juli **1887** hielt er einen Vortrag in der Königlich Sächsischen Gesellschaft der Wissenschaften zu Leipzig.[173] Im Jahre **1888** war er nachhaltig mit Fortsetzungsarbeiten für sein Buch *Die Sprachwissenschaft, ihre Aufgaben, Methoden und bisherigen Ergebnisse*[174]

---

[170] In seinem Brief an die Mutter vom 19. Januar 1885 (s. Henriette v. d. Gabelentz, *Briefwechsel,* Bd. 2, S. 70) schreibt er: „Durch Geh.Rath Krehl [Ludolf Krehl (1825–1901), Orientalist in Leipzig] erfahre ich vertraulich, daß die Königl. Sächs. Gesellschaft der Wissenschaften mich zu ihrem ordentlichen Mitgliede ernannt hat, – und zwar einstimmig, was sehr selten sein soll. Die Ehre ist an sich groß genug, ein Gehalt aber nicht damit verbunden."

[171] *Hans Conon von der Gabelentz als Sprachforscher; s.* B. Schriftenverzeichnis, Nr. (202.) In seinem Brief vom 26. März 1884 schreibt er an seine Mutter (s. Henriette v. d. Gabelentz, *Briefwechsel,* Bd. 2, S. 35): „Ich bin jetzt bei Vorarbeiten zu einer Charakteristik des Papas als Sprachforscher. Das Unternehmen ist nicht leicht. Wer den Papa nur nach seinen Schriften beurtheilt, muß ihn unterschätzen. Schreibselige schmeichelnde [?] Halbwisser werden zehnmal öfter genannt als er, weil sie durch vorschnelle, hübsch herausgeputzte Theorien die Aufmerksamkeit auf sich zu lenken wußten."

[172] In seinem Brief vom 4. September 1886 an seine Mutter (s. Henriette v. d. Gabelentz, *Briefwechsel,* Bd. 2, S. 101) schreibt er: „Wahrscheinlich fahre ich am 25. Sept. Nachm. 5.36 von Triptis ab und bin am folgenden Nachmittag 2.35 in Wien. Der Congreß dauert vom 27. Sept. bis 2. October. Am 3. October früh 8.10 reise ich von Wien ab, bin am 4. October früh 3.53 in Leipzig und 10.11 wieder in Triptis, – macht knapp neun Tage Abwesenheit." Näheres s. *Berichte des VII. internationalen Orientalisten-Congresses gehalten in Wien im Jahre 1886,* Wien: Hölder (1889), S. 96–98.

[173] Gegr. 1846, später: Sächsische Akademie der Wissenschaften. Bei dieser Gelegenheit hielt Georg einen Vortrag über den chinesischen Philosophen Wenzi, *Ueber das taoistische Werk Wên-tsì;* s. B. Schriftenverzeichnis (218.). In seinem Brief vom 4. Juli 1887 (s. Henriette v. d. Gabelentz, *Briefwechsel,* Bd. 2, S. 113) schreibt er: „Diesmal werde ich doch erst Sonntag früh kommen, da ich Sonnabend Abend in der Königl. Gesellschaft der Wissenschaften Vortrag zu halten habe."

[174] Hierzu s. seinen Brief v. 25. September 1888: „Trotzdem habe ich fleißig weiter geschrieben an meinem Buche: Die Sprachwissenschaft, ihre Aufgaben, Methoden und Errungenschaften [!], dessen Ende ich freilich noch nicht absehe." S. Clementine v. Münchhausen, *H. Georg v. d. Gabelentz* (1913), S. 119. Dieses Werk, s. B. Schriftenverzeichnis, Nr. (292.), erschien erst 1891 beim Verlag Weigel Nachfolger Chr. Herm. Tauchnitz in Leipzig.

4. Universitätsprofessor in Leipzig (1878–1889)   57

und auch mit einer erneuten Wohnungssuche[175] beschäftigt. Dazu hielt er zur Einführung seiner Person Anfang Februar 1888 an der Berliner Universität einen Vortrag über Konfuzius[176] in der Hoffnung, damit seine Berufung nach Berlin vorantreiben.

---

[175] S. seinen Brief. vom 1. Januar 1888 an die Mutter (s. HENRIETTE V. D. GABELENTZ, Briefwechsel, Bd. 2, S. 120): „Heute waren wir auf der Wohnungssuche, da doch die Engigkeit unseres jetzigen Quartiers oft recht empfindlich ist. Ein großer zweiter Stock zu 1600 M., also 50 M. billiger als die jetzige Wohnung und fast anderthalb mal so geräumig, gefiel uns wohl; die Sache ist aber noch in der Schwebe."

[176] In seinem Brief vom 1. Januar 1888 schreibt er an seine Mutter (s. HENRIETTE V. D. GABELENTZ, Briefwechsel, Bd. 2, S. 120): „Meinen Vortrag in Berlin Zur Beurtheilung des Confucius und seiner Lehre werde ich am 28. d. Mts. Abends 7 Uhr vor einem sehr zahlreichen und gewählten Publicum halten: Minister, Abgeordnete, Spitzen der gelehrten und Beamtenwelt, Damen der ersten Gesellschaft. Honorar 300 M., viel Ehre, aber doch auch eine große Verlegenheit. Ich will Gott danken, wenn Alles vorüber und gut abgelaufen ist. Vorläufig bin ich stark durch die Ausarbeitung des Vortrages in Anspruch genommen." Es handelt sich hier offenbar um *Confucius und seine Lehre*, der (in erweiterter Form) später gedruckt bei Brockhaus erschien und nach dortiger Angabe – im Unterschied zum Brief – erst am 4. Februar 1888 an der Universität Berlin gehalten wurde; hierzu s. B. Schriftenverzeichnis, Nr. (249.)

5. Universitätsprofessor in Berlin (1889–1893)

5.1 Am 4. September **1889** wurde Georg v. d. G. zum ord. Professor an die 1810 gegründete Königlichen Friedrich-Wilhelm-Universität Berlin berufen, nachdem die Berufungskommission ihn, der an der ersten Stelle der Kandidatenliste – vor Friedrich Hirth[177] (1845–1927), Wilhelm Grube (1855–1908, s. o.) und Carl Arendt[178] (1838–1902) – stand, ausgewählt hatte.[179] Die Schwester Clementine bemerkte hierzu: „Der Ruf war ehrenvoll, aber die Sache zog sich infolge der Abwesenheit von allerhand maßgebenden Persönlichkeiten monatelang hin."[180] In der Bestallungsurkunde wurde ihm mit-

---

[177] S. Eduard Erkes, *Friedrich Hirth. Nachruf*, in: Artibus Asiae, vol. 2, 3 (1927), S. 218–221; *Festschrift für Friedrich Hirth zu seinem 75. Geburtstag 16. April 1920* (Ostasiatische Zeitschr., 8), Berlin: Oesterheld (1920); Bruno Schindler (Hg.), *Asia Major, Hirth Aniversary Volume*, London: Probsthain (1923).

[178] Carl Arendt war von 1887 bis 1902 Dozent für Chinesisch am Seminar für Orientalische Sprachen (SOS). S. Peter Merklinghaus, *Professor Carl Arendt †. Lehrer des Chinesischen am Orientalischen Seminar 1887–1902*, in: Mittheilungen des Seminars für Orientalische Sprachen zu Berlin, Ostasiatische Studien, 5. Jg. (1902), S. 174–176; s. a. Karl Foy, *Zur Persönlichkeit Carl Arendt's. Einige Erinnerungen*, das., S. 177–182; Alfred Forke, *Professor Carl Arendt †*, in: Der Ostasiatische Lloyd, Jg. 16, Nr. 7, v. 14. 2. 1902, S. 134–135; H. C[ordier], *Nécrologie. Professor Carl Arendt*, in: T'oung Pao, Ser. II, 3 (1902), S. 37–38 (mit Bibliographie).

[179] Näheres zu den Berliner Umständen s. ausführlich bei Klaus Kaden (1979), S. 75, 87, und (1993), S. 57–90.

[180] S. Clementine v. Münchhausen, *H. Georg v. d. Gabelentz* (1913), S. 121. – Am 11. Juli 1888 bemerkte er gegenüber seiner Mutter (s. Henriette v. d. Gabelentz, *Briefwechsel*, Bd. 2, S. 130: „Die Berliner Angelegenheit kann sich nun bald entscheiden, wenn es sich bestätigt, daß Schott [– Wilhelm Schott verstarb am 21. Januar 1889 –] sich demnächst pensionieren lassen will. Ein Dr. Hirth [Friedrich Hirth, s. u.], der sich, stark an den Laden [?] legt, soll im Ministerium gute Connexionen haben. Man muß nun abwarten!" Erst ein Jahr später, am 17. Mai 1889 konnte er seiner Mutter melden (s. Henriette v. d. Gabelentz, *Briefwechsel*, Bd. 2, S. 136): „Morgen, Sonnabend, muß ich wieder nach Berlin zu einer Besprechung, die hoffentlich etwas mehr Klärung bringt." Zwei Tage später jedoch, am 19. Mai 1889, berichtete er: „Über meinen gestrigen Besuch in Berlin darf ich Dir im Augenblicke nur soviel mittheilen, daß das Ergebniß für mich sehr befriedigend war. Laß Dir damit einstweilen genug sein. Die Verhandlungen schweben noch, und ein verfrühtes Wort könnte schaden." Am 2. Juli 1889 berichtet er in einem Brief an die Schwester (s. Clementine v. Münchhausen, *H. Georg v. d. Gabelentz* (1913), S. 121): „Du bist ungeduldig, den Ausgang meiner Berliner Angelegenheit zu erfahren. Ich auch. Es ist immer noch so etwas wie ein Mauser-Zustand, – nicht im Sinne des Mausergewehres –, aber auch zum Totschießen; ich meine ein Zustand, wo die Vögel nicht singen und die Professoren nicht schreiben. … Statt am 6., hat erst am 27. Juni die Classenabstimmung über meine Wahl stattfinden können, die dann auch, was fast unerhört ist, einstimmig für mich ausgefallen ist. Nun wird aber die noch nötige, in ihrem Ergebnis nicht mehr zweifelhafte Abstimmung der Gesamt-Akademie erst in der nächsten Sitzung, am 25. ds. Mts. geschehen, dann die Sache

geteilt, daß „Wir Wilhelm, von Gottes Gnaden König von Preußen etc. […] Allergnädigst geruht haben, den Professor Dr. Georg von der Gabelentz […] zum ordentlichen Professor" zu ernennen.[181] In seinem Brief vom 25. September 1889 an die Mutter teilte GEORG mit: „Als wir Abends zurückkehrten, fand ich mein vom Kaiser vollzogenes Bestallungsdecret hier vor, und heute erhielt ich auch von Dresden aus meine Entlassung [aus dem juristischen Dienst] unter ‚dankbarer Anerkennung meiner Verdienste'. Also soweit wäre nun Alles in Ordnung."[182] Die Urkunde bestätigte, er habe sich „an der Vertretung der allgemeinen Sprachwissenschaft zu betheiligen, die chinesische Sprache und Literatur zu vertreten sowie Vorlesungen über Mandschu, Altjapanisch, Malayisch, Samoanisch und verwandte Sprachen zu halten." (Die Renumeration betrug 2.100 M. im Jahr). Entscheidend für die Ernennung war – nach dem Gutachten des bekannten Geographen FERDINAND V. RICHTHOFEN[183] (1833–1905) – dabei offensichtlich seine große

---

dem Ministerium, von diesem dem Kaiser zur Bestätigung vorgetragen werden und endlich meine formelle Berufung erfolgen." In seinem Brief vom 31. Juli 1889 stellte er fest: „Meine Berliner Angelegenheit ist am 25. d. Mts. wieder um einen Schritt vorwärts gerichtet. Das Plenum der Akademie ist dem Classenbeschlusse beigetreten, ich bin zum Mitglied gewählt und habe gestern meinen Lebenslauf in das Ministerium eingesandt, worauf Immediatbericht an den Kaiser, und nach seiner Genehmigung meine Berufung erfolgen wird. Es wäre undankbar, wenn ich die günstige Wendung nicht als das hinnehmen wollte, was sie ist, die höchste Auszeichnung, die ein Gelehrter von Seinesgleichen erwarten kann, und für den Rest meines Lebens eine wesentliche Besserung meiner Vermögenslage." Am 9. August 1889 (S. 143) schreibt er dann an seine Schwester: „Aus Berlin noch nichts Neues. Nun, nach des Kaisers Rückkehr, wird aber die Sache wohl bald zum Abschlusse kommen."

[181] Nach der Originalurkunde: „Gegeben Neues Palais den 4ten September 1889." – Zum Berliner Berufungsverfahren s. a. JÜRGEN G. BACKHAUS, *Wissenschaftsgeschichte und Wissenschaftspolitik im Industriezeitalter, das „System Althoff" in historischer Perspektive*, Hildesheim: Lax (1991), S. 279.

[182] S. HENRIETTE V. D. GABELENTZ, *Briefwechsel*, Bd. 2, S. 146, Fortsetzung des Briefes: „Nun denke ich am 1. October Nachmittag 4.43 über Zeitz in Altenburg einzutreffen und etwa am 15. October in Berlin Einzug zu halten, nachdem ich mir zuvor eine passende Junggesellenwohnung dort eingerichtet haben werde."

[183] S. HENRI CORDIER, *Baron Ferdinand de Richthofen*, in: T'oung Pao, 6 (1905), S. 644–647; HANNO BECK, *Ferdinand Freiherr v. Richthofen – vorbildlicher China-Forscher und anerkanntester Geograph seiner Zeit (1833–1905)*; in: Hanno Beck, Große Geographen. Pioniere – Außenseiter – Gelehrte, Berlin: Dietrich Reimer (1982); UTA LINDGREN, *Richthofen, Ferdinand Paul Wilhelm Dieprand Freiherr von*, in: Neue Deutsche Biographie, Bd. 21, Berlin: Duncker & Humblot (2003), S. 543–544. – Georg hatte mit RICHTHOFEN schon vorher auch privaten Kontakt gepflegt, wie ein Passus in seinem Brief vom 1. Januar 1885 an seine Mutter (s. HENRIETTE V. D. GABELENTZ, *Briefwechsel*, Bd. 2, S. 68) andeutet: „Zu unserm Sylvester-

Chinesische Grammatik von 1881, die „ihn sofort an die Spitze der Sinologen der heutigen Zeit" positionierte. „Die Grammatik der chinesischen Sprache ist hier auf neuer und durchaus eigenartiger, den genetischen Gesichtspunkt in erster Linie berücksichtigender Grundlage behandelt und […] nach rein wissenschaftlichen Principien aufgebaut."[184]

Der mit seiner Berliner Ernennung von ihm verlassene Leipziger sinologische Lehrstuhl[185] blieb danach verwaist und konnte erst 1897 durch AUGUST CONRADY[186] (1864–1925) wieder besetzt werden.

Im vorausgehenden Monat, am 16. August **1889** war GEORG v. d. G. zudem – als Nachfolger von WILHELM SCHOTT (1802–1889, s. o.), der über ein halbes Jahrhundert zunächst als Privatdozent und seit 1838 als „ausserordentlicher Professor des Chinesischen und der Tatarischen Sprachen an der Königlichen Universität zu Berlin"[187] tätig war und für die Etablierung der Sinologie in Berlin eine Pionierrolle gespielt hatte – zum ordentlichen Mitglied der Preußischen Akademie der Wissenschaften[188] gewählt worden, so daß sich auch seine wirtschaftliche Lage wesentlich verbesserte.[189] Wenn ihm auch das Berliner

---

punsch sagte sich mein College von Richthofen bei uns an, der eben Strohwittwer ist. Dadurch hatten wir eine recht animirte Neujahrsnacht." Im Brief vom 19. Januar 1885 (S. 70) heißt es: „Gestern besuchte uns Frau von Möllendorff aus Seoul in Korea, die Frau des merkwürdigen Mannes [PAUL GEORG V. MÖLLENDORFF, 1849–1901], der in dem bisher verschlossenen Königreiche leitender Minister geworden ist. Wir sahen sie dann zu Mittag bei Richthofens wieder; sie erzählte in anspruchslosester Weise die interessantesten Dinge, voller Lob und Liebe für die Koreaner und ihr Königshaus."

[184] S. KADEN (1979), S. 76, 88. Nach dem Protokoll der Kommissionssitzung über die Wiederbesetzung der außerordentlichen Professur Chinas galt GEORG somit als der „fähigste Vertreter"; hierzu s. LEUTNIER (1987), S. 35 und Anm. 17 daselbst.

[185] Zu seinem Ausscheiden aus der Universität Leipzig. s. a. FRANZ HÄUSER (Hg.), *Die Leipziger Rektoratsreden 1871–1933*, Bd. 1, Berlin: de Gruyter (2009), Jahresbericht 1888/9, S. 473.

[186] Zu diesem s. E. ERKES (1959), s. Literaturverzeichnis im Anhang.

[187] S. Titelblatt seines Buches *Verzeichniss der Chinesischen und Mandschu-Tungusischen Bücher und Handschriften der Königlichen Bibliothek zu Berlin. Eine Fortsetzung des im Jahre 1822 erschienenen Klaproth'schen Verzeichnisses*, Berlin: Königliche Akademie d. Wissenschaften (1840).

[188] Dazu s. die Briefe an seine Schwester v. 2. und 31. Juli 1889 (s.o.). Seine Antrittsrede s. in B. Schriftenverzeichnis, Nr. (286.)

[189] S. M. TAUBE (1982), S. 33: „Als Mitglied der Berliner Akademie erhielt er ein Gehalt von jährlich 900 Mark und ein besonderes persönliches Gehalt von jährlich 7000 Mark, […] als Ordinarius der Berliner Friedrich-Wilhelms-Universität dagegen nur jährlich 2100 Mark.".

Leben zunächst behagte[190], fiel ihm der Abschied von Leipzig dennoch recht schwer[191]. Doch schon einen Monat nach seiner Ernennung siedelte er am 9. Oktober 1889 nach Berlin über und wohnte zunächst in der Eichhornstraße 10, II. Stock[192]. Zuvor hatte er vom 2. bis 13. September d. J. noch am 8. Internationalen Orientalisten-Kongreß in Stockholm und Christiania teilgenommen.[193] In einem Brief an seine Mutter vom 2. November 1889[194] berichtet er über sein Leben in Berlin: „Ich habe nun schon Vielerlei mitgemacht: Dienstag Nachmittag um 4 eröffnete ich meine Vorlesungen […] Dann wurde ich vereidigt. Mittwoch las ich drei Stunden, von 4–7, ohne übermäßige Abspannung. Am Donnerstage wurde ich in den Kreis meiner Collegen eingeführt, und das auf recht angenehme Art: Erst Sitzung der Akademie, dann mit zwei

---

Erst seit dieser Zeit hatte sich Georgs wirtschaftliche Situation wesentlich gebessert. In den früheren Briefen seiner Leipziger Jahre um 1870/80 an die Mutter (s. Henriette v. d. Gabelentz, Briefwechsel, S. 50–90) ist oft von Geldnot und der Notwendigkeit persönlicher Einschränkungen die Rede. So beklagt er im Brief vom 19. Oktober 1880 (S. 84) die „horrenden Preise der Lebensmittel" und ermahnt seine Mutter am 4. Februar 1880 (S. 69): „Ich habe Grund Dich zu bitten Dich mit Niemand auf eine nähere Besprechung meiner pecuniären Verhältnisse einzulassen. Solange ich meinen Verpflichtungen nachkomme, hat sich Niemand darum zu kümmern, und wer sich danach erkundigen will, hat zu mir so weit wie zu Dir."

[190] In seinem Brief vom 2. November 1889 schreibt er an seine Mutter (s. Henriette v. d. Gabelentz, Briefwechsel, Bd. 2, S. 149): „Nun habe ich meine erste Berliner Woche hinter mir und sehe, daß ich mich hier doch schneller einlebe, als ich erwartet hatte. Man kommt mir von allen Seiten mit viel Wärme und Achtung entgegen, und in unserm engeren Collegenkreise, der Facultät und der Akademie, scheint der Verkehr noch munterer und inniger zu sein, als in Leipzig."

[191] In seinem Brief vom 31. Juli 1889 an die Schwester schreibt er: „Recht schwer wird mir aber der Abschied von Leipzig und Sachsen. Die Frische des Dreissigers habe ich doch nicht mehr, ich begreife, was es heißt: ‚Mein Lied ertönt der unbekannten Menge, ihr Beifall selbst macht meinem Herzen bang!' Und ganz das alte Lied mag ich auch nicht den Berlinern vorsingen, u. so gibt es allerhand vorzubereiten." S. Clementine v. Münchhausen, H. Georg v. d. Gabelentz (1913), S. 123.

[192] Nach dem Schreiben vom 12. Oktober 1889 an seine Mutter (s. Henriette v. d. Gabelentz, Briefwechsel, Bd. 2, S. 148).

[193] Hierzu s. seinen kuriosen Beitrag Gänseleberpastete; s. B. Schriftenverzeichnis, Nr. (262b.). S. a. Actes du huitième congrès international des orientalistes tenu en 1889 à Stockholm et à Christiania, Bd. IV, Leiden: Brill (1893).

[194] S. Henriette v. d. Gabelentz, Briefwechsel, Bd. 2, S. 149.

Collegen, dem Sprachforscher Johannes Schmidt[195], und dem Geographen Heinrich Kiepert[196] zu Biere, bis es Zeit war in die Facultätssitzung zu gehen, auf die dann die übliche Facultätskneipe folgte. Das beschleunigt natürlich die Bekanntschaft. Die Vormittage gehen zum besten Theile mit Besuchemachen dahin. Da aber Zeit auch Geld ist, so fahre ich dabei lieber, als daß ich zu Fuße gehe und verschwitzt ankomme. Zu einer festen Tageseintheilung habe ich es natürlich noch nicht gebracht; ich esse wann es kommt und wie es kommt, finde in der Regel zur Siesta keine Zeit, und befinde mich doch wohl dabei." Und in seinem Brief vom 4. Dezember 1889 (S. 150) schreibt er weiter: „Ich bin hier stark durch Arbeiten und Pflichten aller Art in Anspruch genommen. Vorgestern Eröffnung eines neuen naturhistorischen Museums durch die Majestäten, wobei wir Professoren in Talar und Barett zu erscheinen hatten, – mich kostet das Amtsgewand 65.00 M. Heute Abend bei Exc. Herzog[197], Unterstaatssecrelär im Auswärtigen Amte, wissenschaftliches Kränzchen, zu dessen Mitgliede man mich ernannt hat. Dann die Collegien und Sitzungen, und bei Alledem die endlosen Berliner Entfernungen."

5.2 Nach den Vorlesungsverzeichnissen der Friedrich-Wilhelms-Universität bot er in seinen Berliner Jahren vom Sommersemester 1890 bis Wintersemester 1893/4 insgesamt 8 Lehrveranstaltungen zur Sprachwissenschaft, 4 zur chinesischen Grammatik, 6 zu chinesischen Textinterpretationen und zu Konfuzius, 6 zum Altjapanischen, 1 zum Manjurischen und 3 zum Malaiischen an.[198] Neben seinen Universitätsverpflichtungen wurde er offenbar um **1890** auch für Prüfungen am Seminar für Orientalische Spra-

---

[195] Johannes Schmidt (1843–1901), Indogermanist, Begründer der sog. Wellentheorie der Sprachentwicklung. S. *Wikipedia*, s. v.

[196] Heinrich Kiepert (1818–1899), Geograph und Kartograph. S. Viktor Hantzsch, *Kiepert, Heinrich*, in: Allgemeine Deutsche Biographie, Band 51, Duncker & Humblot, Leipzig (1906), S. 133–145.

[197] Karl Joseph Benjamin Herzog (1827–1902), seit 1876 Unterstaatssekretär des Reichsamtes für Elsaß-Lothringen, seit 1879 Staatssekretär des elsaß-lothringischen Ministeriums, seit 1885 Leiter der Neuguinea-Gesellschaft. S. *Meyers Konversations-Lexikon,* 4. Aufl., 8. Bd., Leipzig, Wien (1885–1892), S. 459–460.

[198] Hierzu s. Kaden (1993), S. 87. Unterstützt wurde er bei seinen Lehraufgaben – vor allem im Manjurischen und Mongolischen – auch durch W. Grube und – im modernen Chinesischen – am 1887 gegründeten Seminar für Orientalische Sprachen (SOS) durch C. Arendt und den jeweils zwei dortigen chines. Lektoren; s. Kaden, S. 88.

chen[199] (SOS), das i. J. 1887 auf Anregung Bismarcks für die praxisorientierte Dolmetscherausbildung von Beamten im auswärtigen Dienst, jungen Juristen an kaiserlichen Botschaften etc. gegründet und der Universität lose zugeordnet worden war, herangezogen.[200]

Obschon die Berliner Universität mit ihren Professoren im 19. Jh. als die renommierteste von ganz Deutschland galt, erfüllten sich Georgs auf diese Zeit gesetzten Hoffnungen nicht vollends, und er begann, sich trotz anfänglicher Sympathie in ungewohnter Umgebung wie im Exil zu fühlen. Hinzu kam seine nach achtzehn Jahren gescheiterte Ehe[201] – seine Frau Alexandra

---

[199] Die Ausbildung der Studenten war auf Sprachen und Sachgebiete ausgerichtet, die bislang nicht zum traditionellen Fächerkanon der Universitäten gehört hatten, u. a. Chinesisch, Japanisch, Hindustani, Arabisch, Persisch, Türkisch, Suaheli. Hierzu s. Josef Kreiner, *Zur 100. Wiederkehr der Gründung des Seminars für Orientalische Sprachen Berlin / Bonn*, in: *Orientierungen,* 1 (1989), S. 1–24; Astrid Brochlos, *Das Seminar für Orientalische Sprachen an der Berliner Universität und die japanbezogene Lehre*, in: Gerhard Krebs (Hg.), Japan und Preußen, München: Iudicium (2002), S. 145–162; Holger Stoecker, *Das Seminar für Orientalische Sprachen*, in: Ulrich van der Heyden u. Joachim Zeller (Hg.), Kolonialmetropole Berlin. Eine Spurensuche, Berlin (2002), S. 115–122. – Die Gründungsfestschrift vom 3. April 1886 formulierte als Aufgaben dieser Institution: „theoretische Vorbereitung und praktische Übungen in den lebenden Hauptsprachen des Orients und Ostasiens (Türkisch, Arabisch, Persisch, Japanisch, Chinesisch und indische Idiome). […] Für jede Sprache wird ein mit den Landesverhältnissen und der Landessprache vertrauter Lehrer bestellt und demselben ein aus den Eingeborenen des Landes entnommener Assistent beigegeben." S. Eduard Sachau, *Denkschrift über das Seminar für Orientalische Sprachen an der Königlichen Friedrich Wilhelms-Universität zu Berlin 1887 bis 1912,* Berlin: Reichsdruckerei (1912). S. a. S. Mangold (2009), S. 228–235.

[200] So trägt das Zeugnis der Diplomprüfung für Chinesisch des bekannten Sprachenkenners und späteren Botschaftsdolmetschers Emil Krebs (1867–1930) vom 24. Juli 1890 neben den Unterschriften von Eduard Sachau, Carl Arendt, Kuei Lin [d. i. Lin Gui 林 桂, damals Lektor für Chinesisch], Wilhelm Grube auch die von Dr. G. von der Gabelentz. Hierzu s. Wilhelm Matzat, *Das „Sprachwunder" Emil Krebs (1867–1930) Dolmetscher in Peking und Tsingtau, Eine Lebensskizze* (2007, ergänzt 03/08), S. 3, http://www.tsingtau.org/wp-content/uploads/emil_krebs_tsingtau_org.pdf. S. a. Peter Hahn (Hg.), *Emil Krebs Kurier des Geistes*, Badenweiler: Oase (2011), S. 45–49.

[201] Nähere Ausführungen hierzu vermitteln die *Erinnerungen* von Conons jüngster Schwester Luise Constance v. d. Gabelentz (1814–1901), genannt ‚Tante Lu', Mskr. aus der Zeit um 1880, Bd. 1, S. 49–53: „Sanny [Alexandra] ist überhaupt in Schlössern, in fürstlicher Umgebung aufgewachsen – sie bekam Unterricht mit unseres Herzogs [Ernst I. von Sachsen-Altenburg, 1826–1908] einziger Tochter Marie [Marie Friederike, 1854–1908], jetzt Prinzessin Albrecht von Preussen […] An dem hiesigen ausgezeichneten Hof, bei den guten frommen Menschen, da hat Sanny nur Gutes sehen und hören können – aber anders war es wohl in Petersburg unter den leichtsinnigen Menschen in der Umgebung der Fürsten. Da hat sie wohl schon früh den Grund zu ihren späteren Verirrungen gelegt. Sie war ein frühreifes, sich sehr schön entwickelndes Mädchen, wurde natürlich als

war schon 1881 zum Katholizismus konvertiert[202] – sowie sonstige familiäre Probleme. Über die Berliner Situation, die ihn jetzt umgab, hatte zuvor schon sein Schüler WILHELM GRUBE in einem Brief vermerkt: „Ich muß gestehen, daß ich hier [in Berlin] nicht so leichten Herzens daran [gemeint ist GRUBES Habilitation] gehe wie in Leipzig. Berlin ist kaum ein Boden für unsere out-of-the

---

Gefährtin der Grossfürstinnen, doppelt gefeiert und geschmeichelt – da passte sie schon frühzeitig nicht mehr in eine einfache deutsche Häuslichkeit. Auch in Altenburg wurde sie sehr gefeiert – sie hatte eben die besondere Gabe den Männern zu gefallen und liess es auch an Coquetterien nicht fehlen, um sie nach Kräften noch mehr anzuziehn. […] – Es war ein grosses Unglück, als mein guter, braver, sehr geistreicher Neffe, Georg v. d. Gabelentz, eine leidenschaftliche Liebe zu der schönen jungen Cousine fasste und sie zu heirathen begehrte! […] Er hielt also um Sanny's Hand an und erhielt sie. Sie gab ihre Einwilligung auf Zureden der Mutter, ohne Neigung für Georg, hatte sogar eine andre Neigung im Herzen […] Sie verstand ihn nicht – wusste ihn nicht zu nehmen – er trotz aller heissen Liebe – vernachlässigte sie für seine Bücher und gelehrten Schriften! Er war so vertrauensselig – konnte an nichts Unrechtes glauben, so dass er sich harmlos freute, dass seine Sanny am Umgang mit seinen Freunden Freude fände – und diese Freunde betrogen ihn und verführten seine Frau. 17 Jahre sind sie verheirathet gewesen, ehe es zur Scheidung kam! […] Nach ohngefähr 8-jähriger Ehe kam ihr der Gedanke katholisch zu werden – förmlich überzutreten – trotzdem sie aus alter lutherischer Familie entsprungen und in solche geheirathet hatte. […] Nicht gar zu lange nach dem Uebertritt wurde – nach langer Pause – ein Kind geboren! Das sollte ein Gnadenbeweis der „Heiligen Jungfrau" sein! Mir erscheint es mehr als Ungnade! Denn das arme unglückliche Wesen ist ganz blödsinnig! Jetzt über 5 Jahr alt, kann es nicht sprechen, wird es nie lernen, weil es eine verbildete Zunge hat – ist – wie die Aerzte sagen, nicht bildungsfähig und ist jetzt in eine Anstalt für solche Unglückliche gebracht worden. […] Frau Sanny ging auf der abschüssigen Bahn, die sie betreten, immer weiter – endlich konnte es die Familie nicht mehr mit ansehn und klärte den zu vertrauensseligen Gatten auf! Sie – in ihrer Schlauheit, erhob immer neue Schwierigkeiten – aber endlich war die Scheidung ausgesprochen und der theure, unglückliche Georg befreit!"

Eine andere Stelle dieser *Erinnerungen* (nach einer mir von EBERHARD HETZER zur Verfügung gestellten Kopie) lautet: „Der Name Rotkirch-Trach hat unserer Familie […] viel Leid und Schande gebracht. […] Georg […] verliebte sich sterblich in die mit allen Reizen der Jugend geschmückte Cousine Sanny. Seine Eltern waren gar nicht mit der Wahl einverstanden, gaben widerstrebend zwar, aber doch ihre Einwilligung. Zu Sannys Entschuldigung – wenn es eine Entschuldigung für schlechten Lebenswandel und vielfachen Ehebruch geben kann – ist dies, daß sie sehr jung war und eine andere Liebe im Herzen trug, nur auf Zureden ihrer Mutter ihr Jawort gab. Nach 18-jähriger Ehe wurde das Band gelöst, das die beiden vereinigt hatte." – Es ist indes unsicher, ob man diesen Äußerungen vollends vertrauen kann; Georg hielt ‚Tante Lu' in seinem Brief an die Mutter vom 28. August 1887 (s. HENRIETTE V. D. GABELENTZ, Briefwechsel, Bd. 2, S. 115): für „Neugierig und klatschig […], aber viel zu unvorsichtig zur Intriguantin."

[202] S. a. hierzu in einem Brief von WILHELM GRUBE an MAX UHLE vom 9. Febr. 1881; s. WALRAVENS, *Grube* (2007), S. 136.

way-Studien! Schott hat hier ja freilich die Sinologie zum Leben gebracht, aber leider auch zu Grabe getragen."[203]

Dazu stellten sich bei GEORG erste Anzeichen einer Krankheit ein, und er mußte sich wegen eines Blasenleidens schließlich zwei schweren Operationen unterziehen. Seine produktive Schaffenskraft, die in seiner Leipziger Periode ihren Höhepunkt erreicht hatte, ließ allmählich nach, so daß die in seinen Berliner Jahren entstandenen Schriften den Schwung und den Erfindungsreichtum seiner früherer Leistungen etwas vermissen lassen.

5.3 GEORGS in der Berliner Zeit i. J. **1891** veröffentlichtes, drittes Hauptwerk *Die Sprachwissenschaft, ihre Aufgaben, Methoden und bisherigen Ergebnisse*[204] beruhte auf Niederschriften, die zu unterschiedlichen Gelegenheiten in früheren Jahren entstanden waren, so daß W. GRUBE schon 1905 vermerkte: „Er selbst sah ein, daß die Spuren einer solchen Entstehung sich kaum verwischen ließen, und in der That kann nicht geleugnet werden, daß die einzelnen Abschnitte des Buches nicht nur verschiedenartig in der Darstellung, sondern auch verschiedenartig in der Ausführung gerathen sind. [...] Aber dennoch bleibt gerade dieses Buch trotz all' seinen Mängeln ein κτῆμα ἐς ἀεί[205]: einmal durch die reiche Fülle an Anregungen und schöpferischen Gedanken, die es enthält, – dann aber auch dank dem Umstande, daß sein Verfasser mit der unendlichen Mannichfaltigkeit der verschiedensten Gebilde menschlichen Sprachbaues vertrauter war als irgend ein anderer seiner Zeitgenossen. Und diese Vertrautheit schöpfte er nicht etwa aus grammatischen Lehrsystemen, sondern, wo immer er dazu in der Lage war, aus dem selbständigen Studium von Texten."[206] GEORG berichtete in seinem Brief vom

---

[203] W. GRUBE, Brief an GEORG v. d. G. v. 5. Mai 1884 (s. ThStA, Familienarchiv v. d. Gabelentz, Nr. 889). In einem Brief des folgenden Jahres, vom 1. Juli 1885, an seine Mutter (s. HENRIETTE v. d. GABELENTZ, *Briefwechsel,* Bd. 2, S. 84) heißt es: „Grube schreibt mir einen Brief in recht trüber Stimmung. Seine Berliner Stellung ist zwar pecuniär gut aber durch die Persönlichkeit seines Vorgesetzten [ADOLF BASTIAN, 1816–1905, Gründer des Museums für Völkerkunde Berlin] recht unangenehm. Nun hatte ihn der Forschungsreisende Riebeck [EMIL RIEBECK (1853–1885)] zur Theilnahme an einer Reise nach Polynesien eingeladen; der ist aber kürzlich gestorben. Im Mandschu hat er vier eifrige Schüler. Wenn das der gute Papa geahnt hätte!" – W. GRUBE erhielt am 1. 10. 1884 ein Stipendium vom Generaldirektor der Königlichen Museen und wurde ab 1. 1. 1885 am Königlichen Museum für Völkerkunde fest angestellt. Hierzu s. H. WALRAVENS u. I. HOPF, *Wilhelm Grube* (2007), S. 9.

[204] S. B. Schriftenverzeichnis, Nr. (292.)

[205] *ktema hes haei,* ‚ein einmaliger Schatz'.

[206] S. GRUBE (1905), S. 553.

30. April 1891 an seine Schwester: „Mein Buch wird nun wohl in der nächsten Woche herausgegeben werden und, wenn die Anzeichen nicht trügen, sehr bald vergriffen sein. Zur zweiten Auflage habe ich schon eine Menge Nachträge und Verbesserungen. Hoffentlich hält es, was es verspricht und wird mir zur Goldgrube."[207] Anläßlich einer kritischen Besprechung seiner *Sprachwissenschaft* durch HERMANN OLDENBERG[208] (1854–1920) vom Jahre 1892 bemerkte er über das Chinesische – nach seinen Worten „eine Sprache, welche an das Gedächtnis so mässige, an das logische Denken so strenge Anforderungen stellt"[209] – zu seiner Schwester: „Der Indogermanist [OLDENBERG] begreift es nicht, daß ich nicht die Gesetze und Methoden der indogermanischen Forschung mit Haut und Haaren verschluckt und weltbeherrschende gemeingültige wieder von mir gegeben habe. [...] Sie (d. h. die Indogermanisten) wollen eben jede Sprache in das Prokrustesbett der indogermanischen [...] spannen."[210] WILHELM VON HUIMBOLDT (1767–1835) hatte bereits zwei Generationen früher festgestellt, „dass diese Sprache sich in ihrem grammatischen Bau so gut als von allen andren bekannten entfernt. Am meisten steht sie indess den gewöhnlich classisch [d. h. indogermanisch] genannten Sprachen entgegen."[211]

Die genannte zweite, *vermehrte und verbesserte Auflage* von GEORGS *Sprachwissenschaft*, in die Notizen aus seinem Handexemplar und vermutlich auch Gedanken des Bearbeiters – seines Neffen und Herausgebers ALBRECHT V. D. SCHULENBURG[212] (1865–1902) – eingeflossen sind, konnte erst postum (1901) bei

---

[207] S. CLEMENTINE V. MÜNCHHAUSEN, *H. Georg v. d. Gabelentz* (1913), S. 128.

[208] S. B. Schriftenverzeichnis, Nr. (292.), Rezension zur 1. Aufl. – HERMANN OLDENBERG, bekannter Indologe und Buddhologe, war seit 1891 Ordinarius an der Universität Kiel. S. WILHELM FRIEDRICH, *Oldenberg, Hermann,* in: Neue Deutsche Biographie, Bd. 19, Berlin: Duncker & Humblot (1999), S. 507–508.

[209] *Chinesische Grammatik*, Vorrede, S. VIII.

[210] S. CLEMENTINE V. MÜNCHHAUSEN, *H. Georg v. d. Gabelentz* (1913), S. 142. Die Schwester ergänzte fachkundig: „Im Lateinischen kann man die Worte eines Satzes durcheinander mischen wie die Spielkarten, ihre flektierten Endungen weisen immer noch jedem seine Stelle an. Das Chinesische, dem die Flexionen fehlen, hat eine so zu sagen eiserne Syntax, die jedem Satzteil seinen unverrückbar festen Platz anweist."

[211] *Ueber den grammatischen Bau der Chinesischen Sprache,* datiert 20. März 1826; hier nach: WILHELM V. HUMBOLDT, Über die Sprache, ausgewählte Schriften, München: DTV (1985), S. 89.

[212] S. B. Schriftenverzeichnis Nr. (292.) – ALBRECHT (CONON) Graf V. D. SCHULENBURG (1865–1902) war der Sohn von GEORGS älterer Schwester – CONONS mittlerer Tochter – MARGARE-

Tauchnitz in Leipzig erscheinen. Das Werk, das in seiner Konzeption grundlegend auch den bekannten französischen Linguisten FERDINAND de SAUSSURE[213] (1857–1913) beeinflußte, der 1876/80 in Leipzig studiert hatte, beruht zweifellos in vielen seiner ‚neuen Gedanken' auf Vorarbeiten und Ideen seines Vaters CONON. Hierzu bemerkt GEORG in seinem Vorwort, S. V.: „Manches, was ich für mein Eigenstes halte, mag sich schon längst in den Werken Anderer vorfinden; und wenn ich es wirklich zum ersten Male zu Papier gebracht habe, so kann, ohne dass ich es mich entsinne, mein verewigter Vater der Urheber gewesen sein."

5.4 Nachdem GEORG in demselben Jahre, am 29. Dezember 1891, in Göttingen GERTRUD ADELHEID MARIE verw. v. ADELEBSEN, geb. Freiin v OLDERSHAUSEN

THE (1842–1894), die mit dem herzoglich Braunschweigischen Oberjägermeister GEBHARD HANS ALEXANDER Reichsgraf v. d. SCHULENBURG-WOLFSBURG (1823–1897) verheiratet war. Deren Sohn ALBRECHT (CONON) hatte sich im August 1895 an der Universität München mit der Schrift *Fürstin Chiang und ihre beiden Söhne. Eine Erzählung aus dem Tso-chuan* habilitiert, die noch im selben Jahr in Leiden erschien (48 S.; auch in: T'oung Pao, Jg. 6, 1895, S. 464–498). Von 1895 bis 1901 war v. d. SCHULENBURG an der Universität München als Privatdozent für „ostasiatische Sprachen, mit besonderer Berücksichtigung der indochinesischen" tätig und las im Wintersemester 1895/6 je zweimal wöchentlich „Chinesische Grammatik" und „Malaiische Grammatik". Während seiner Münchener Zeit gab er 1901 seines Onkels Werk *Die Sprachwissenschaft* neu heraus und folgte in demselben Jahr einem Ruf auf den neu errichteten Lehrstuhl für orientalische Sprachen an der Universität Göttingen, wo er jedoch bereits ein Jahr später im Alter von nur 37 Jahren verstarb. Zu A. C. v. d. SCHULENBURG, der besonders durch seine Arbeiten zur Sprache der Zimshian (Tsimshian)-Indianer Nordwest-Amerikas bekannt wurde, s. GUSTAV SCHLEGEL, in: T'oung Pao, II. Serie, 4 (1903), S. 72 (Nécrologie); HERBERT FRANKE, in: Studia Sino-altaica, Festschrift für Erich Haenisch zum 80. Geburtstag, Wiesbaden (1961), S. 71, und GIMM (2005), S. 25–26, Anm. 30. In seinem Brief vom 22. Juli 1892 an die Mutter (s. HENRIETTE V. D. GABELENTZ, *Briefwechsel*, Bd. 2, S. 159) charakterisierte ihn GEORG: „Albrecht Schulenburg macht sich recht rar; er ist unglaublich fleißig, sollte aber geselliger sein, um nicht einzurosten. Er wird gar zu sehr Sonderling, sagt, dann und wann wolle er kommen, und kommt dann doch nicht oder bleibt eben nur so lange, wie nöthig ist, um sich bei mir über eine wissenschaftliche Frage Raths zu holen."

[213] Über die Bedeutung des Werkes und seine oft ignorierte Einwirkung auf DE SAUSSURES bedeutenden *Cours de linguistique générale* (1916) – dieser beruht auf Mitschriften seiner Vorlesungen der Jahre 1907 und 1911 – s. EUGENIO COSERIU, *Georg von der Gabelentz und die synchronische Sprachwissenschaft* (1969 u. ö.), Einleitung zur Ausgabe Tübingen (1984), S. [3]–[35]. Auf S. [13] vermerkt er: „in Wirklichkeit stimmt de Saussures Theorie in allen Punkten mit der von Gabelentz überein." Hierzu s. a. RENSCH (1966), S. 32–41; ORLOWSKI (2009), S. 13–34.

(1858–1904) geheiratet[214] hatte, wirkte er nur noch zwei Jahre in Berlin, wo er in der Kleiststraße 18–19[215] wohnte. In Berlin wurde **1892** auch sein dritter Sohn namens HANNS-CONON (1892–1977) geboren, der in den Jahren 1945 bis 1968 als Direktor des Altenburger Lindenau-Museums[216] wirkte. Ein für das Sommersemester 1892 geplantes Urlaubsgesuch zog er wieder zurück.[217] Aufgrund seines Rufes als universeller Sprachenkenner – im Mai 1892 beschäftigte sich GEORG noch mit der Bilderschrift der Osterinsulaner und auch mit Koreanisch[218] – erhielt er i. J. 1892 von der Kolonialabteilung (später Reichskolonialamt), die direkt dem Reichskanzler unterstellt war, des Auswärtigen

---

[214] In den *Erinnerungen* von CONONS jüngster Schwester LUISE CONSTANCE V. D. GABELENTZ (1814–1901), Mskr. aus der Zeit um 1880, Bd. 1, S. 53, heißt es: „Bald nach der Scheidung [von ALEXANDRA, s. o.] lernte Georg, als er auf Besuch bei Münchhausens war, eine junge reizende Wittwe ohne Kinder kennen – er warb rasch um sie und erhielt ihre Zustimmung. – Gertrud, geb. von Oldershausen, verwittwete v. Adelebsen wurde seine Frau und an ihrer Seite verlebte der arme Schwergeprüfte eine kurze, aber überglückliche Zeit. Ein Knabe wurde ihnen geboren, der sich zu einem reizenden Kinde entwickelt und in der Taufe den Namen Hanns Conon, nach seinem unvergesslichen Grossvater erhielt. An des Kindes erstem Geburtstag erkrankte Georg und starb nach 4 Leidenswochen am 10. December 1893."

[215] S. z. B. den Brief vom 23. Mai 1892, den seine Frau GERTRUD an GEORGS Mutter schrieb (s. HENRIETTE V. D. GABELENTZ, *Briefwechsel*, Bd. 2, S. 158).

[216] Das u. a. durch seine hervorragende Sammlung altitalienische Malereien bekannte Museum am Rand des Schloßparks von Altenburg wurde von BERNHARD AUGUST V. LINDENAU (1779–1854) begründet und i. J. 1848 eröffnet. LINDENAU, von Hause aus Astronom, war seit 1808 Direktor der herzoglichen Sternwarte in Gotha und ab 1820 sächsischer Staatsminister. Die Familie LINDENAU war mit der GABELENTZ-Familie durch CONONS Großmutter CHRISTIANE AUGUSTE (1751–1837) verwandt, die eine geborene v. LINDENAU war. BERNHARD V. LINDENAU, auf dessen private Kunstsammlung die Altenburger Museumsbestände beruhen, war als Bruder der Großmutter damit CONONS Vetter zweiten Grades. S. AUGUST PROCKSCH, *Freiherr Bernhard August von Lindenau als Kunstfreund. Ein Beitrag zu seiner Biographie*, Altenburg: Pierer (1899); PASCH, Lindenau, Bernhard von, in: Allgemeine Deutsche Biographie, Bd. 18, Leipzig: Duncker & Humblot (1883), S. 681–686.

[217] S. den Brief vom 4. März 1892 an seine Mutter (s. HENRIETTE V. D. GABELENTZ, *Briefwechsel*, Bd. 2, S. 155): „Mein Urlaubsgesuch für das Sommersemester habe ich schließlich zurückgezogen, weil es der Facultät Schwierigkeiten zu verursachen schien."

[218] S. CLEMENTINE V. MÜNCHHAUSEN, *H. Georg v. d. Gabelentz* (1913), S. 137, 139; s. a. B. Schriftenverzeichnis, Nr. (307.) Am 22. Juli 1892 schreibt er an seine Mutter (s. HENRIETTE V. D. GABELENTZ, *Briefwechsel*, Bd. 2, S. 159): „Heute vor acht Tagen ist die Sendung koreanischer Bücher eingetroffen, die mir das auswärtige Amt zum Geschenke gemacht hat. Die Sammlung ist nur 102 Bände stark, aber wohl eine der reichsten in Europa."

Amtes den Auftrag, ein *Handbuch zur Aufnahme fremder Sprachen*[219] zu verfassen, das für den praktischen Gebrauch für „Kolonialbeamte, Missionare und Forschungsreisende, […] die Zeit und Lust haben, die Sprachenkunde zu fördern"[220], gedacht war und daher im Taschenformat (11,5 x 17,5 cm) mit angeheftetem Bleistift auf den Markt kam. Dieses bisher kaum beachtete Werk, das, auf einem früheren Beitrag mit ADOLF BERNHARD MEYER[221] von 1882 sowie auf den praktischen Methoden seines Vaters beruhend, eine Art Abfrageverfahren der Wörter nach Sachgruppen bietet, ist ein interessantes Dokument für die damalige Auffassung fremden Sprachen und deren Systematik gegenüber.

Zu GEORGS wichtigsten Schülern, die seine Lehren bewahrten und weitergaben, zählen die späteren Professoren der Sinologie WILHELM GRUBE (1855–1908, s. o.), J. J. M. DE GROOT[222] (1854–1921), ARTHUR Edler von ROSTHORN[223] (1862–1945) und BERTHOLD LAUFER[224] (1874–1934), der erste Professor der Japanologie KARL FLORENZ[225] (1865–1939), der seit 1883 GEORGS Famulus war, weiterhin der Archäologe MAX UHLE[226] (1856–1944), der Tibetologe HEINRICH

---

[219] S. B. Schriftenverzeichnis, Nr. (305.)

[220] S. Vorwort, S. 1. Darin betont er: „Sprachforscher vom Fach kommen selten in die Lage, an Ort und Stelle Materialien sammeln zu können."

[221] A. B. MEYER (1840–1911), bekannter Naturwissenschaftler und Anthropologe, der mit GEORG zusammen i. J. 1882 einen Aufsatz über melanesische, mikronesische und papuanische Sprachen verfaßte; s. B. Schriftenverzeichnis, Nr. (120.).

[222] Zu JAN JACOB MARIA DE GROOT s. R. J. ZWI WERBLOWSKY, *The beaten track of science*. The life and work of J. J. M. de Groot (Asien-Afrika-Studien, 10), Wiesbaden: Harrassowitz (2002).

[223] Zu diesem s. B. FÜHRER, *Vergessen* (2001), S. 97–123; HARTMUT WALRAVENS, *Rosthorn, Arthur von*, in: Neue Deutsche Biographie, Bd. 22, Berlin: Duncker & Humblot (2005), S. 101–102.

[224] S. H. WALRAVENS, *Kleinere Schriften von Berthold Laufer*, Teil 2,1 (Sinologica Coloniensia, 7), Wiesbaden: Steiner (1979), S. X, Vita.

[225] S. HERBERT ZACHERT, *Prof. Dr. Karl Florenz (geb. 10. Jan. 1865 in Erfurt – 9. Febr. 1939 in Hamburg) zum Gedächtnis,* in: Nachrichten d. Gesellsch. f. Natur- und Völkerkde. Ostasiens, 50 (1939), S. 4–6; *Karl Florenz und die deutsche Japanologie* (Symposium, Hamburg, 28.–30 Nov. 1985), in: Nachrichten der Gesellsch. (s. o.), 137 (1988), 80 Seiten; ROLAND SCHNEIDER, *Karl Florenz, der Begründer der deutschen Japanologie*, in: Kulturvermittler zwischen Japan und Deutschland, Biographische Skizzen aus vier Jahrhunderten, Frankfurt/M.: Campus (1990), S. 149–161.

[226] MAX UHLE wurde später als Archäologie Südamerikas bekannt; s. MICHAEL HÖFLEIN, *Leben und Werk Max Uhles.Eine Bibliographie* (Ibero-Bibliographien, 1), Berlin: Ibero-

Wenzel[227] (1855–1893), die Orientalisten F. W. K. Müller[228] (1863–1930), Rudolf Dvořák[229] (1860–1920) und der Japanologe August Gramatzky[230] (1855–1942).

---

amerikanisches Institut Preussischer Kulturbesitz (2002), 48 S.; Lothar Beyer, *Max Uhle y su doctorado en la universidad de Leipzig, Alemania,* in: Investigaciones sociales, 7, Lima (2003), S. 107–122.

[227] S. Bruno Liebich, *Wenzel, Heinrich,* in: Allgemeine Deutsche Biographie, Bd. 41, Leipzig: Duncker & Humblot (1896), S. 736–738.

[228] Zu Friedrich Wilhelm Karl Müller (Zeitgenossen nannten ihn ‚FWK') s. A. von Gabain, *Die erste Generation der Forscher an den Turfan-Handschriften,* in: H. Klengel and W. Sundermann (Hg.), *Ägypten Vorderasien Turfan,* Tagung in Berlin, Mai 1987, Berlin: Akademie Verlag (1991), S. 98–105; Desmond Durkin-Meisterernst, *Mueller, Friedrich W. K.,* in: Encyclopaedia Iranica, Bd. 16, New York (seit 1982), s. www.iranicaonline.org.

[229] S. Felix Tauer, *K výročím narození a smrti Rudolf Dvořák.,* in: Nový Orient, 15, Prag (1960), S. 24–30; ders., *Rudolf Dvořák zum hundertsten Geburtsjahr und vierzigsten Todesjahr,* in: Archiv Orientální, 28 (1960), S. 529–546; B. Führer, *Vergessen* (2001), S. 92–94.

[230] S. Martin Ramming, *Dr. August Gramatzky †,* in: Nippon, 9 (1943), S. 39–40.

6. Die letzte Zeit (1893)

6.1 Lemnitz gedieh seit den 1880er Jahren zum bevorzugten Ort, an dem sich GEORG mit Freunden und Kollegen traf; denn anknüpfend an die Gewohnheit seines Vater pflegte er bis zum Schluß rege Geselligkeit mit Verwandten und intensiven Gedankenaustauch mit Fachkollegen, so mit C. FLORENZ, W. GRUBE, FR. HIRTH, A. SCHIEFNER, W. SCHOTT etc. Das von ihm ererbte Schloß Poschwitz stand vorwiegend seiner Mutter, HENRIETTE GRACE, geb. v. LINSINGEN (1813–1892), bis zu ihrem Tod als Witwensitz zur Verfügung. Da der eigentliche Schloß- und Gutsherr von Lemnitz seit dem brüderlichen Erbvergleich von 1880 sein Bruder HANS ALBERT (1834–1892) war, hatte sich GEORG noch in seiner Leipziger Zeit i. J. 1884 oberhalb des Barockschlosses Lemnitz ein – von ihm „Berghäuschen"[231] genanntes – Refugium im thüringischen Fachwerkstil

---

[231] Im Unterschied zur musikalischen Begabung seiner Mutter HENRIETTE (und auch seiner Schwestern, s. Anm. 32) schien GEORG stärker der bildenden Kunst zuzuneigen. So besaß er (n. E. HETZER, *Georg v. d. Gabelentz*, S. 2) „eine ausgeprägte Begabung für Architektur und Bauzeichnungen." Noch heute sind im sog. ‚Berghäuschen', einem stattlichen Fachwerkhaus, das er selbst gestaltet hatte – es wurde vor mehreren Jahren von einem bekannten Arzt aus Triptis vorbildlich renoviert –, GEORGS Spuren in der Grundrißplanung, den Verzierungen mit ostasiatischen Ornamenten, den Türbeschlägen mit der fünfzackigen Krone und den Initialen, den Giebelverzierungen mit dem Gabelsymbol usw. zu entdecken. Auch wurden dort die Türen wegen seiner enormen Körpergröße (angeblich 2,08 m) in ungewöhnlicher Höhe angefertigt. In einem Brief an BERNHARD JÜLG v. 12. April 1876, s. H. WALRAVENS, „…*Ihr ewig dankbarer B. Jülg*" (2013), S. 142, Nr. G 74, spricht er von einem eigenen „Körpermaaß von etwa sieben Fuß sächsisch." Der Freund der Familie, REINHOLD ROST, bezeugte: "He was, in fact, at one time considered the tallest man in Saxony"; in: The Athenæum, No. 2452, London (23. 12. 1893), S. 883; zit. n. TAUBE (1982), S. 34. S. a. bei CORDIER (1895), S. 428: „Gabelentz était aussi remarquable par sa haute taille." S. a. DOBRUCKI (1938), S. 76.

Zu diesem von GEORG in Lemnitz errichteten Tuskulum bemerkte seine Schwester: „Georg hatte sich 1884 dort ein Häuschen gebaut, nach eigenen, überaus bequem und gemütlich erdachtem Plane. Es lag auf dem schmalen Stück Land, was oben auf dem Berge den Gutsgarten vom Walde trennt, hatte von der Veranda die reizendste Aussicht und war besonders behaglich zu bewohnen durch die eigene Art, wie die Zimmer gruppiert waren. Die Treppe mündete auf einem kleinen Vorplatz, der etwa 5/7 eines Achtecks darstellte. Und von diesem Achteck wurde fast jede Seite durch eine Tür gebildet, indes die Zimmer, unter einander meist nicht durch Türen verbunden, lange ruhige Wände hatten, und um dieses in der Mitte liegende Achteck sich herum gruppierten. Georg verbrachte mit seiner Familie die Ferien größtenteils dort, genoß die schöne Luft und die herrlichen weiten Waldspaziergänge und hatte auch allerhand Platz für Logiergäste." S. CLEMENTINE v. MÜNCHHAUSEN *H. Georg v. d. Gabelentz* (1913), S. 124. In seinem Brief vom 20 März 1884 an seine Mutter (s. HENRIETTE V. D. GABELENTZ, *Briefwechsel*, Bd. 2, S. 34) spricht er von der Ausstattung des Hauses: „Koch- und Essgeschirr ist fast vollständig." Auch spätere Briefe vom 26. Juni, 5. Juli und 17. August 1884 (s. HENRIETTE V. D. GABELENTZ, *Briefwechsel*, Bd. 2, S. 44, 47, 53) berichten von weiteren Einrichtungen: „An Wohnlichkeit läßt das Häuschen nichts zu wünschen übrig und so viel Raum haben wir noch nie gehabt." – Nach GEORGS

erbauen lassen, das er – mit einem weitem Blick bis zur Leuchtenburg – selbst entworfen und als Alterssitz geplant hatte (heutige Adresse: Am Forsthaus 32, 07819 Lemnitz). Leider konnte er es bis zu seinem Tod 1893 nur noch wenige Jahre nutzen. Ein Jahr zuvor waren auch sein Bruder ALBERT (am 5. März 1892 in Weimar) und seine Mutter (am 17. Oktober 1892 in Poschwitz) verstorben.

Über GEORGS Krankheit schreibt seine Schwester CLEMENTINE[232]: „Georgs Gesundheit fing an, ihm gelegentlich Not zu machen. [...] Im März [**1893**] sollte nun jene Operation vorgenommen werden, von deren Bevorstehen Georg in dem Brief vom 31. Januar mir berichtete. Der bis dahin so rüstige, bis auf gelegentliche tüchtige ‚Gabelentzsche' Schnupfen vollkommen gesunde Mann hatte sich im Laufe der letzten Jahre in seinem Äußeren verändert. An die Stelle der gesunden doch mäßigen Fülle des beginnenden Fünfzigers war eine aufgeschwemmte Korpulenz getreten, die gesunde, leicht gebräunte Gesichtsfarbe war einem Rot gewichen [...], so daß mich Georgs verändertes Aussehen überraschte, ohne daß ich doch eine nahe Gefahr ahnte." Im März mußte er sich in Bad Wildungen der genannten Operation wegen Blasensteinen unterziehen, im Juli aber schien er zu genesen und berichtete ihr sogar von seinen Studien über baskische Sprachen.[233] „Wie schaffensfroh und voller Pläne war er noch! Und am 10. November [**1893**] traf uns wie ein Schlag eine kurze Karte seiner Schwiegermutter: sein Zustand sei hoffnungslos, das Ende stündlich zu erwarten."[234] Denn „nur zu bald warf ihn sein altes Uebel aufs Krankenlager, von dem er sich nicht wieder erheben sollte."[235] „In der Nacht vom 10ten zum elften[236] Dezember [**1893**] verschied er, nachdem

---

Tod bewohnte sein Sohn (ERNST ALEXANDER) ALBRECHT v. d. G. (1873–1933), der seit 1912 als Direktor des Altenburger Schloß- und Lindenau-Museums tätig war, das Berghäuschen.

[232] S. CLEMENTINE V. MÜNCHHAUSEN, *H. Georg v. d. Gabelentz* (1913), S. 130, 149–150.

[233] S. B. Schriftenverzeichnis, Nr. (327.). Diese Schrift erschien postum in noch unfertigem Zustand.

[234] CLEMENTINE V. MÜNCHHAUSEN, *H. Georg v. d. Gabelentz* (1913), S. 157.

[235] GRUBE (1905), S. 554.

[236] Der Grabstein auf dem Friedhof von Windischleuba verzeichnet den 11. Dezember, s. a. *Brockhaus Konversationslexikon*, 14. Aufl., Bd. 17, Suppl., Leipzig: Brockhaus (1898), S. 448 etc. Nach Aussage des Thüringer Heimatforschers EBERHARD HETZER (1941–2009) ist jedoch das korrekte Sterbedatum der 10. Dezember 1893. So ist auch in dem Aufsatz *Hypologie der Sprachen*, s. B. Schriftenverzeichnis, Nr. (328.), der von GEORG v. d. G. nicht mehr korrekturgelesen werden konnte, S. 7, Anm. 1, von der Redaktion als Todesdatum der 10. Dezember angemerkt; ebenso bei H. v. d. GABELENTZ-LINSINGEN, *Die Besitzer von Schloß Poschwitz seit*

eine erneute große Operation, jetzt in der Seite, keine Rettung hatte bringen können."[237] Mit seinem Tod betrauerten seine Freunde einen „hochsinnigen Mann von lauterem Charakter. In ihm besaß Deutschland den zur Zeit hervorragendsten Forscher der chinesischen Sprache."[238]

Sein Leichnam wurde nach Poschwitz überführt und zunächst im dortigen Schloßpark und später (1945) nahe der Grabstätten anderer Familienmitglieder auf dem neuen Friedhof (ehemals Pestfriedhof) des nahegelegenen Dorfes Windischleuba beigesetzt, wo sich ehemals ein weiteres Besitztum der GABELENTZ-Familie befand.

6.2 Mit dem Tod GEORGS v. d. G. i. J. 1893 blieb der von ihm begründete Berliner Lehrstuhl zwei Jahrzehnte bis zum Jahre 1912 verwaist. Das Fach Sinologie mit seinen Nebengebieten vertrat indessen – neben seinen Aufgaben am Berliner Völkerkundemuseum – sein um fünfzehn Jahre jüngerer ehemaliger Leipziger Student WILHELM GRUBE, der nach seiner Tätigkeit in St. Petersburg seit 1884 als Privatdozent und seit 1892 als ‚außerordentlicher Professor im Nebenamt' in Berlin wirkte.[239] Leider waren GRUBES fürdere Bemühungen, ein Ordinariat zu erringen[240], von Erfolglosigkeit gekennzeichnet, und er verstarb ebenso wie sein Lehrer GABELENTZ bereits in seinem 53. Lebensjahr.

1388, in: Über ein halbes Jahrtausend (1938), S. 7; bei DOBRUCKI, S. 78; KADEN (1993), S. 79, u.a.

[237] CLEMENTINE V. MÜNCHHAUSEN, *H. Georg v. d. Gabelentz* (1913), S. 157.

[238] S. den Nachruf, in: Verhandlungen der Gesellschaft für Erdkunde zu Berlin, Bd. 21 (1894), S. 48.

[239] S. a. H. WALRAVENS, *Wilhelm Grube* (2007), S. 9–10, 25–30.

[240] Hierzu s. KLAUS KADEN, *Wilhelm Grube und das Scheitern seiner Berufung auf eine ordentliche Professur an der Berliner Universität. Neue Erkenntnisse aus alten Akten*, in: Bochumer Jahrbuch für Ostasienforschung, 25 (2001), S. 197–221.

7. Schluß

Über die Bedeutung von GEORG v. d. G., den man heute zu den Vordenkern der quantitativen Linguistik zählt, und seinen vielgestaltigen wissenschaftlichen Arbeiten, zu denen er selbst bemerkte: „Mein sprachwissenschaftliches Streben bewegt sich vorzugsweise in der von W[ilhelm] v. Humboldt vorgezeichneten, auch von meinem Vater verfolgten Richtung"[241], sind seit Beginn eine Reihe wichtiger Beiträge und auch kritischer Stellungnahmen[242] erschienen, und es kann hier nicht unsere Aufgabe sein, die Verdienste dieser „Ausnahmeerscheinung unter den Linguisten des letzten Drittels des 19. Jahrhunderts"[243] detailliert darzustellen. Eine ausführliche Bewertung von Georgs Leistungen soll einer anderen Gelegenheit vorbehalten werden.

Neben seinem ersten Schwerpunkt, dem der allgemeinen Sprachwissenschaft, der unmittelbar an das vom Vater CONON, seinem steten Vorbild, Erarbeitete und Reflektierte anschloß, ist seine überragende Sympathie für die chinesische Sprache und Literatur für sein Leben bestimmend gewesen. Zu dieser Forschungsdisziplin sei eine resümierende Äußerung in seinem Brief an die Schwester vom 5. Mai 1876[244] angeführt: „Es ist gut für mich, daß ich es in diesem Punkte einigermaßen mit den Chinesen halte. Scharfes, klares, zuweilen selbst tiefes Denken, manch wahrhaft schönes, erwärmendes Stück Poesie, und eine Macht des kurzen, knorrigen und doch formvollendeten Ausdruckes, dergleichen ich in keiner anderen Literatur kenne. Die hausbackene Lehre, welche Confucius, von seinen Altvorderen ererbt, seiner Nachwelt überliefert, hat wenigstens [die] Probe bestanden: sie hat Jahrtausende hindurch ein blühendes, wachsendes, arbeitstüchtiges Volk beherrscht. Und wie allumfassend ist diese Literatur! Durch ihre – ohnehin wohl unvergleichliche – Geschichtsschreibung hat sie einen Vorsprung vor der indischen; in religiös-philosophischer Hinsicht gebührt ihr den Schriften muhammedanischer Völker gegenüber der Vorzug der Denkfreiheit. Grammatiker, wie die indischen, kann sie nicht aufweisen, dafür aber hundertbändige Wörterbücher und tausendbändige Encyclopädien."

In seiner Leipziger Antrittsvorlesung von 1878 drückte er sich so aus: „die Sinologie hat in Deutschland einen schweren Stand. […] Man durchbreche

---

[241] Mskr. des eigenen Lebenslaufs, s. o. (Familienarchiv v. d. Gabelentz, Nr. 906), o. Pagin..

[242] Hierzu s. B. Schriftenverzeichnis, Nr. (106.)

[243] S. BARSCHAT (1996), S. 87.

[244] CLEMENTINE V. MÜNCHHAUSEN, *H. Georg v. d. Gabelentz* (1913), S. 157.

die fremdartige Hülle, man dringe ein in den Sinn jener reichen Poesie, in ihre Leidenschaften, ihre Andacht, ihr Sehnsucht, ihren Humor, so wird man bald vergessen, daß man um fast zwei Drittheile unserer Halbkugel ostwärts gewandert ist. Gar bald lernt unsere Phantasie in die glatten, gelben. schlitzäugigen Chinesengesichter sympathische Züge zeichnen, und was von fern einer hölzernen Puppe glich, entpuppt sich nun als ein warm fühlender Mensch."[245]

Als Schlußwort mag hier Wilhelm Grubes[246] Urteil über Georg v. d. Gabelentz genügen: „Sicherlich hat es Sinologen genug gegeben, die ihm an philologischer Gründlichkeit und positivem Fachwissen weit überlegen waren, aber man vergesse dabei nicht, daß keiner von ihnen im Stande gewesen wäre, eine chinesische Grammatik zu schreiben, wie sie die Wissenschaft ihm verdankt. Er war ein Anreger und Pfadfinder als Forscher wie als Lehrer. Frei von gelehrtem Dünkel besaß er den Muth des Irrtums und zugleich eine Naiv[i]tät des Gemüthes und Geistes, wie sie nur wahrhaft selbständigen Naturen eigen ist." Über seine Persönlichkeit urteilte Henri Cordier[247] (1849–1925), der ihn seit 1878 gut kannte, ein Jahr nach seinem Tod: „il était extrêmement bon et il avait l'exquise politesse de l'homme du monde."[248]

> Wenn der Mensch einen Baum gepflanzt hat
> und kann nicht die Früchte desselben genießen,
> wenn er einen Garten angelegt hat
> und kann in ihm nicht lustwandeln,
> so kommt es ihm hart an.
>   Osttürkisches (uigurisches) Volkslied[249]

---

[245] *Die ostasiatischen Studien und die Sprachwissenschaft*; s. B. Schriftenverzeichnis, Nr. (107.), S. 282.

[246] Grube (1905), S. 554–555. S. a. die Charakterisierungen seiner Veröffentlichungen auf den Seiten 550–555; Kaden (1979).

[247] S. L. Aurousseau, *Nécrologie, Henri Cordier*, in: Bulletin de l'École française d'Extrême-Orient, 25 (1925), S. 279–286; Paul Pelliot, *Henri Cordier (1849–1925)*, in: T'oung Pao, 24 (1926), S. 1–15; H. Walravens, *Name Index to Henri Cordier's Bibliotheca Sinica (2nd ed., 1924, the Standard Bibliography on Traditional China)*, Wiesbaden: Harrassowitz (2013), Preface, S. 9–11.

[248] S. Henri Cordier, *Georg von der Gabelentz*, in: ders., Les Études chinoises (1891–1894), in: T'oung Pao, 5 (1894), S. 427.

[249] Nach der Übersetzung von Wilhelm Radloff, mit dem der Vater Conon v. d. G. regen Kontakt pflegte (s. a. Anm. 77), aus: *Die Sprachen der türkischen Stämme, Abt. 1, Proben der Volkslitteratur der nördlichen türkischen Stämme Südsibiriens*, Teil 6, St. Petersburg: Kaiserliche Akademie d. Wissenschaften (1886), S. 87.

Anhang:
Georg v. d. Gabelentz Lebensregeln

Ähnlich seinem Vater Conon, der als Einundzwanzigjähriger i. J. 1828 seine *Siebzehn Lebensregeln*[250] niederschrieb, hinterließ auch der Sohn Georg als Vierzigjähriger und zutiefst moralischer Mensch nach der Sitte der Zeit eine Reihe bedenkenswerter Sentenzen, die seine jüngere Schwester Clementine v. Münchhausen, geb. v. d. Gabelentz (1849–1913) bei einer nicht näher bezeichneten Gelegenheit aufzeichnete und in ihren Erinnerungen bewahrte.[251]

1. Es gibt Ergänzungseigenschaften. Ich bezeichne so diejenigen, die ihrem Grunde nach verschieden, von einerlei Wirkung sind. Ein Mangel oder Vorzug des Verstandes oder der Erziehung kann einem Fehler oder einer Tugend des Charakters aufs Haar ähnlich sehen.

2. Höflichkeit ist die Form der Bescheidenheit und des Wohlwollens. Wer bescheiden oder wohlwollend ist, der muß höflich sein, nicht umgekehrt.

3. Indiskretion ist mir unter allen Fehlern einer der ärgerlichsten. Denn ein indiskreter Mensch bringt mit der ehrlichsten Gesinnung von der Welt alles das zuwege, was ein boshafter nur erstreben kann.

4. Durch Eitelkeit weiß mancher zu ersetzen, was ihm die Natur an Dummheit versagt hat.

5. Eitelkeit frißt auch dem Feinde aus der Hand.

6. Härte verträgt der Mensch leichter als Kälte.

7. Um einen Menschen kennen zu lernen, soll man beobachten, wann er lacht und wie er lacht.

8. Heftigkeit liebe ich beim Gegner: kein Henkel an dem man ihn besser packen könnte.

9. Wer dir klagt, den höre nur geduldig an. Dein Zuhören tröstet ihn mehr als dein Zusprechen.

---

[250] Diese sind in seinem Mskr. *Bemerkungen, Einfälle und Betrachtungen* enthalten, das sich heute im ThStA, Familienarchiv v. d. Gabelentz, Nr. 617a, befindet. Dieser Text ist in *Hans Conon von der Gabelentz (1807–1874) Jin Ping Mei* 金瓶梅.*Chinesischer Roman,* Herausgegeben und bearbeitet von Martin Gimm, Teil IV (Staatsbibliothek zu Berlin Neuerwerbungen der Ostasienabteilung, Sonderheft 24), Berlin: Staatsbibliothek (2011), Vorbemerkung, S. II – III, wiedergegeben.

[251] Clementine v. Münchhausen, *H. Georg v. d. Gabelentz* (1913), S. 163–166, vermerkt hierzu: „Ich will hier einige Sentenzen zusammenstellen, die Georg im Jahre 1880 infolge eines verlorenen Vielliebchens [?] ‚schmiedete', wie er selbst es nannte, denn er hatte die Arbeit – ein auf Kommando Geistreichsein – wohl bald satt bekommen." Leider ist nicht bekannt, worauf diese Bemerkung anspielt.

10. Es gibt zweierlei Zerstreute: Die einen sind es, weil sie ihre Gedanken nicht zusammenhalten können, die anderen scheinen es, weil sie ihre Gedanken zu sehr zusammenhalten.

11. Es gibt eine Zufluchtsstätte der verschämten Unwissenheit: Zweifel am Neuen, – und eine Zufluchtsstätte der schamlosen Unwissenheit: Spott über das Neue.

12. Aufmerksamkeiten abzulehnen, die uns gebühren, kann wohlwollend sein, ist aber immer taktlos.

13. Man muß selbst ohne Streben sein, um erfolgloses Streben zu verhöhnen.

14. Die Sittlichkeit verlangt, anderen ihr Fehl zu verzeihen. Gerechtigkeit und Klugheit gebieten, es ihnen nicht zu vergessen.

15. Nie verrät sich der Unwissende schmählicher, als wenn er zu wissen scheinen will, wo er nichts zu wissen braucht, oder wenn er Nichtwissen da verhöhnt, wo Wissen nicht zu verlangen ist.

16. Die Wissenschaften soll man nur soweit popularisieren, als ihre Ergebnisse feststehen. Weiter gehen heißt schlechte Papiere für bare Münze verausgaben.

17. Die Freude am Sammeln wird stets den Lerntrieb steigern, aber oft den Schaffenstrieb verkümmern.

18. Tüchtigkeit verlangt, gleich der Tanne, in der Jugend Schatten, im Alter Luft und Licht.

19. Wohltätigkeit ist das Opium unter den sozialen Heilmitteln: Sie wirkt schmerzstillend auf den Patienten, aber oft auch entkräftend.

20. Über die Leistungen eines Mannes soll man seine Vorgesetzten hören, über seinen Charakter seine Untergebenen.

B. Schriftenverzeichnis[252]
(in chronologischer Folge nach Erscheinungsjahren)

Abkürzungen:

ADB: *Allgemeine Deutsche Biographie*, Leipzig: Duncker & Humblot (1875–1912);
AE: *Allgemeine Encyklopädie der Wissenschaften und Künste*, hgg. J. S. Ersch und J. G. Gruber. Zweite Section, hgg. A. Leskin, Leipzig: Brockhaus (1818–1889);
AM: Asia Major, Leipzig;
BPW: Berliner Philologische Wochenschrift, Berlin: Calvary;
BSGW: Berichte über die Verhandlungen der Königlich Sächsischen Gesellschaft der Wissenschaften zu Leipzig, Philolog.-histor. Classe, Leipzig: Weidmann;
CR: The China Review, or: Notes & Queries on the Far East, Hongkong: China Mail;
GGA: Göttingische Gelehrte Anzeigen, Göttingen: Dieterich;
IZAS: Internationale Zeitschrift für allgemeine Sprachwissenschaft, Heilbronn: Henninger;
LCB: Literarisches Centralblatt für Deutschland, Leipzig: Avenarius;
LGRP: Literatur-Blatt für germanische und romanische Philologie, Heilbronn: Henninger;
LOPH: Literaturblatt für Orientalische Philologie, Leipzig: Schulze;
MSEJ: Le Lotus. Mémoires de la Société des études japonaises, chinoises, tartares, indo-chinoises et océaniennes, Paris: Rouveyre;
Rez.: Rezension, Buchbesprechung;
SPAW: Sitzungsberichte der Königlich Preussischen Akademie d. Wissenschaften, Berlin: Königl. Akademie;
ThStA: Thüringisches Staatsarchiv Altenburg, Familienarchiv v. d. Gabelentz, Nr.;
UZ: Unsere Zeit. Deutsche Revue der Gegenwart, Leipzig: Brockhaus;
ZDMG: Zeitschrift der Deutschen Morgenländischen Gesellschaft, Leipzig: Brockhaus;
ZVS: Zeitschrift für Völkerpsychologie und Sprachwissenschaft, Berlin: Dümmler.

---

[252] Das Verzeichnis beruht auf den folgenden Arbeiten, deren Einträge neu durchgesehen und ergänzt wurden:

(1) Klaus Kaden und Manfred Taube (unter Mitarbeit von Karin Westphal), *Bibliographie für Hans Georg Conon von der Gabelentz*, in: Eberhard Richter und Manfred Reichardt (Hg.), Hans Georg Conon von der Gabelentz. Erbe und Verpflichtung, Berlin: Akademie der Wissenschaften der DDR, Zentralinstitut für Sprachwissenschaft (Linguistische Studien, Reihe A, Arbeitsbericht 53), Berlin (1979), S. 229-242;

(2) Klaus Kaden, Manfred Taube und Hartmut Walravens, *Rezensionen von Georg von der Gabelentz*, in: Martin Gimm (Hg.), Hans Conon von der Gabelentz (1807-1874), Jin Ping Mei, Teil III: Kapitel 21-30), Anhang, S. 17-42 (geordnet nach Sachgruppen, darin S. 43-45: Namensregister), Berlin: Staatsbibliothek zu Berlin, Neuerwerbungen der Ostasienabteilung, Sonderheft 21 (2010).

Vgl. hierzu auch Georg v d. Gabelentz' eigenes Schriftenverzeichnis anläßlich seiner Berufung nach Berlin, in: Klaus Kaden, *Die Berufung Georg von der Gabelentz' an die Berliner Universität*, in: Sinologische Traditionen im Spiegel neuer Forschungen, hgg. v. Ralf Moritz, Leipzig: Universitätsverlag (1993), S. 68-69.

ca. 1855:

(1a.) *Über die Verwandtschaft des Chinesischen und Siamesischen,*
– verschollen.[253]

1860:

(1.) *Spuren eines ausgebildeteren Conjugationssystems im Dajak*[254],
in: ZDMG, 14, S. 547–549.

1862:

(2.) *Katalog einer Sammlung japanischer Bücher,*
in: ZDMG, 16, S. 532–537.

(3.) *Mandschu-Bücher,*
in: ZDMG, 16, S. 538–546.

1863:

(4.) *Bilder aus dem chinesischen Leben, nach dem Roman King[!]-ping-mei,*
in: Globus, Illustrirte Zeitschrift für Länder- und Völkerkunde, 3, S. 143–146.

1867:

(5.) *Zur Statistik der chinesischen Schriftzeichen,*
in: Globus (s.o.), 12, S. 57–58.

1868:

(6.) *König Midas in mongolischem Gewande,*
in: Globus (s.o.), 14, S. 248–249.

1869:

(7.) *Ideen zu einer vergleichenden Syntax – Wort- und Satzstellung,*
in: ZVS, 6, S. 376–384.

1870:

(8.) Rez.: MONTOYA, P. ANTONIO RUIZ DE: Arte, vocabulario, tesoro y catecismo de la lengua Guaraní, publ. nuev. sin alteración alguna por Jul. Platzmann. 4 Bde. Leipzig: Teubner (1870). CXX, 100, 510 S.; 407 Bl. u. 336 S.,
in: LCB (1870), Sp. 1126.

---

[253] „von August Schleicher [1821-1868] in dessen Colleg über vergleichende Sprachforschung in anerkennender Weise erwähnt", s. WILHELM GRUBE, *Gabelentz, Georg von der,* in: Allgemeine Deutsche Biographie, Bd. 50, Leipzig: Duncker & Humblot (1904), S. 548.

[254] Hierzu in seinem obengenannten handschriftlichen Lebenslauf: „Schriftstellerisch bin ich zum ersten Male im Jahre 1860 mit einem Aufsatz über *Spuren eines ausgebildeteren Conjugationssystem im Dajak,* dann wiederholt in der Zeitschrift d. Deutschen Morgenländ. Gesellschaft, in Globus und in der Zeitschrift für Völkerpsychologie und Sprachwissenschaft aufgetreten."

1871:

(9.) *Ueber die Eigenthümlichkeit des japanischen Zahlwortes,*
 in: ZVS, 7, S. 111–112.

1874:

(10.) *Sprachwissenschaftliches,*
 in: Globus (s.o.), 25, S. 92–94, 107–108, 122–124.

1875:

(11.) *Weiteres zur vergleichenden Syntax – Wort- und Satzstellung*[255],
 in: ZVS, 8, S. 129–165, 300–338.

(12.) Rez.: BEAL, SAM[UEL]: The romantic legend of Sâkya-Buddha. From the Chinese-Sanscrit. London: Trübner 1875. XII, 395 S.,
 in: LCB (1875), Sp. 878–888.

(13.) Rez.: CLARKE, HYDE: Researches in prehistoric and protohistoric comparative philology, mythology, and archaeology, in connection with the origin of culture in America and the Accad or Sumerian families. London: Trübner 1875. IX, 75 S.,
 in: LCB (1875), Sp. 1648.

(14.) Rez.: DUTT, R. C.: The peasantry of Bengal, being a view of their condition under the Hindu, the Mahomedan, and the English rule, and a consideration of the means calculated to improve their future prospects. Calcutta, London: Trübner 1874. XI, 237 S.,
 in: LCB (1875), Sp. 1318.

(15.) Rez.: ELLIOT, SIR H. M.: The history of India, as told by its own historians. The Muhammadan period. Edited and continued by Prof. J. Dowson. Vol. VI. London: Trübner 1875. VII, 574 S.,
 in: LCB (1875), Sp. 1355.

(16.) Rez.: FABER, ERNST: A systematical digest of the doctrine of Confucius, according to the Analects, Greta Learning and Doctrine of the Mean, with an introduction on the authorities upon Confucius and Confucianism. Translated from the German by P. G. von Möllendorff. Hongkong, London: Trübner 1875. VIII, 131 S.,
 in: LCB (1875), Sp. 1383–1384.

(17.) Rez.: FAIDHERBE, Général: Essai sur la langue Poul, grammaire et vocabulaire. Paris: Maisonneuve 1875. 129 S.,
 in: LCB (1875), Sp. 1461.

---

[255] S. Nr. (7.)

(18.) Rez.: Hodgson, B[rian] H[oughton]: Essays on the languages, literature, and religion of Nepál and Tibet: together with further papers on the geography, ethnology, and commerce of those countries. London, Straßburg: Trübner 1875. XI, 145, 124 S.,
   in: LCB (1875), Sp. 943–944.

(19.) Rez.: Legge, James: The life and works of Mencius. With essays and notes. London: Trübner 1875. V, 402 S. (The Chinese classics, translated into English with preliminary essays and explanatory notes. 2),
   in: LCB (1875), Sp. 841–842.

(20.) Rez.: Luber, A.: Der Vetâlapañcaviñçati oder 25 Erzählungen eines Dämon. 1. Th. Nach Çivadâsa's Redaction aus dem Sanskrit übers., mit Einleitung, Anmerkungen und Nachweisen. 1. Abth. Einleitung, Übersetzung u. Anmerkungen. Görz: Wokulat 1875 (Separatabdruck aus dem 25. Jahresberichte des k. k. Staatsgymnasiums zu Görz). 6 Bl., 69 S.,
   in: LCB (1875), Sp. 1493.

(21.) Rez.: Mayers, William Frederic: The Chinese reader's manual. A handbook of biographical, historical, mythological, and general literary reference. Shanghai, London: Trübner 1874. XXIV, 440 S.,
   in: LCB (1875), Sp. 910–911.

(22.) Rez.: Mitford, A. B.: Geschichten aus Alt-Japan. Aus dem Englischen übersetzt von J. G. Kohl. Mit Illustrationen, gezeichnet und in Holz geschnitten von japanischen Künstlern. 2 Bde. Leipzig: Grunow 1875. XXXI, 319; 308 S.,
   in: LCB (1875), Sp. 1392–1393.

(23.) Rez.: Plaenckner, Reinhold von: Confucius, Tá-Hio. Die erhabene Wissenschaft. Aus dem Chinesischen übersetzt und erklärt. Leipzig: Brockhaus 1875. XX,
   358 S.,
   in: LCB (1875), Sp.811–812.

(24.) Rez.: Plath, Joh. Heinrich: Confucius und seiner Schüler Leben und Lehren. III. Die Schüler des Confucius. Nach chinesischen Quellen. München: Franz in Comm. 1873 (aus den Abhandlungen der k. bayer. Ak. d. Wiss., I. Cl., XIII. Bd., I. Abth.),
   in: LCB (1875), Sp. 163.

(25.) Rez.: Turrettini, François: Komatsu et Sakitsi ou la rencontre de deux nobles coeurs dans une pauvre existence, par Riutei Tanefico, trad. Genf: Georg 1875. 180 S.,
   in: LCB (1875), Sp. 1329.

1876:

(26.) 太極圖 *Thai-kih-thu, des Tscheu-tsï Tafel des Urprinzipes, mit Tschu-hi's Commentare nach dem Hoh-pih-sing-li chinesisch mit mandschuischer und deutscher Übersetzung, Einleitung und Anmerkungen herausgegeben,* Promotionsschrift,
Dresden: v. Zahn (1876), VIII, 88 S. (Diss. phil. Leipzig).
– Rez. dazu: A. S[CHIEFNER], in: Bollettino italiano degli studii orientali, 1, Firenze (1876/7), S. 3–5; ders., in: Jenaer Literaturzeitung, 3, Jena (1876), S. 428; W. SCH[OTT] in: LCB 1876, S.795; V. v. STRAUSS und TORNEY, Zur chinesischen Literatur, in: Beilage zu Allgemeine Zeitung, Stuttgart, Nr. 23 (24. Aug. 1876), S. 3727–3728; anonym, in: China Recorder 7 (1876), S. 307–308; CR, 5 (1876), S. 64; V. v. STRAUSS und TORNEY, in: Zeitschr. f. d. gesamte lutherische Theologie und Kirche, 39, Leipzig (1878), S. 537–540, und in: Ders., *Essays zur allgemeinen Religionswissenschaft,* Heidelberg: Winter (1879).

(27.) *Stand und Aufgaben der chinesischen Lexikographie,*
in: ZDMG, 30, S. 587–602.

(27a.) *Eine Urkunde vom Jahre 1442 über die Schankgerechtigkeit im Gasthofe zu Fischendorf,*
in: Mittheilungen des Geschichts- und Alterthums-Vereins zu Leisnig im Königreich Sachsen, 4 (1876), S. 85–86.

(28.) Rez.: BURNOUF, E.: Introduction à l'histoire du buddhisme indien. 2. éd. rigoureusement conforme à l'édition originale et précédée d'une notice de B. Saint-Hilaire sur le travaux de M. Eug. Burnouf. Paris: Maisonneuve 1876. XXVIII, 586 S. (Bibliothèque orientale.2),
in: LCB (1876), Sp. 826–828.

(29.) Rez.: (CAMPBELL, G.:) Specimens of the languages of India, including those of the aboriginal tribes of Bengal, the Central Provinces, and the Eastern Frontier. Calcutta: Bengal Secretar. Press 1874. 303 S.,
in: LCB (1876), Sp. 858–860.

(30.) Rez: EITEL, E[RNEST] J[OHN]: Feng-shui, or the rudiments of natural science in China. London 1873,
in: ZDMG 30 (1876), S. 603–607.

(31.) Rez.: GILES, H. A.: Chinese sketches. London: Trübner 1876. 204 S.,
in: LCB (1876), Sp. 894–895.

(32.) Rez.: LEGGE, JAMES: The Chinese classics, translated into English, with preliminary essays and notes. Vol. III. London: Trübner 1876. IV, 431 S.,
in: LCB (1876), Sp.1590–1592.

(33.) Rez.: Satow, E. M.: Ishibashi Masakata: An English-Japanese dictionary of the spoken language. London: Trübner 1876. XIV, 366 S.,
    in: LCB (1876), Sp. 1530–1531.

(34.) Rez.: Severini, A.: Notizie di astrologia giaponese, raccolte da libri originali. Genève 1874. [Auszug aus Atsume gusa.],
    in: ZDMG 30 (1876), S. 607–609.

(35.) Rez.: Williams, S. Wells: A syllabic Dictionary of the Chinese language, arranged to the Wu-fang yuen yin, with the pronunciation of the Characters as heard in Peking, Canton, Amoy, and Shanghai. Shanghai: American presbyt. miss. press 1874. LXXXIV, 1250 S.,
    in: ZDMG, 30 (1876), S. 587–602.

1877:

(36.) Rez.: Adams, Fr. O.: Geschichte von Japan von den frühesten Zeiten bis auf die Gegenwart. Übersetzt von Emil Lehmann. 1. Bd.: Bis zum Jahre 1864. Mit 1 Kte u. 2 Plänen. Gotha: F. A. Perthes 1876. VIII, 468 S.,
    in: LCB (1877), Sp. 458–459.

(37.) Rez.: Edkins, Joseph: Introduction to the study of the Chinese characters. London: Trübner 1876. XVI, 211; III, 103 S.,
    in: LCB (1877), Sp. 469–471.

(38.) Rez.: Eitel, E. J.: A Chinese dictionary in the Cantonese dialect. Pt. I. A-K. Pt. II. K-M. London: Trübner 1877. XXXV, 102–202; 203–404 S.,
    in: LCB (1877), Sp. 1184–1185; (1880), Sp. 46.

(39.) Rez.: Faber, Ernst: Eine Staatslehre auf ethischer Grundlage oder Lehrbegriff des chinesischen Philosophen Mencius. Aus d. Urtexte übersetzt etc. Elberfeld: Fridrichs 1877. VIII, 273 S.,
    in: LCB (1877), Sp. 1541–1542.

(40.) Rez.: Grisebach, Eduard: Die treulose Witwe. Eine chinesische Novelle und ihre Wanderung durch die Weltliteratur. 3. umgearb. u. mit der Übersetzung eines türkischen und eines Talmud-Textes vermehrte Aufl. Stuttgart: Kröner 1877. 128 S.,
    in: LCB (1877), Sp. 538–539.

(41.) Rez.: Henkel, W.: Chinesische Sprache und Literatur. Nach den Vorlesungen von Robert Douglas frei bearbeitet. Jena: Dufft 1877. 4. Bl., 103 S.,
    in: LCB (1877), Sp. 1183–1184.

(42.) Rez.: Müller, Dr. Friedrich: Grundriß der Sprachwissenschaft. 1. Band, I. Abteilung, II. Abteilung. Wien 1876–1877;
    in: ZVS, 9 (1877), S. 373–401.

(43.) Rez.: MÜLLER, MAX: Essays. 4. Bd. Aufsätze hauptsächlich sprachwissenschaftl. Inhalts enthaltend. Aus dem Engl. übersetzt von Dr. R. Fritzsche. Leipzig: Engelmann 1876. VI, 502 S.,
   in: LCB (1877), Sp. 220 f.

(44.) Rez.: PODHOSZKY, LUDW.: Etymologisches Wörterbuch der magyarischen Sprache, genetisch aus chinesischen Wurzeln und Stämmen erklärt. Paris: Maisonneuve 1877. 344 S.,
   in: LCB (1877), Sp. 1606–1607.

(45.) Rez.: RATZEL, FRIEDR.: Die chinesische Auswanderung. Breslau: Kern 1876. 272 S.,
   in: LCB (1877), Sp. 1626–1627.

(46.) Rez.: VISSERING, W.: On Chinese currency. Coin and Paper Money. With facsimile of a Banknote. Leiden: Brill 1877. XV, 219 S.,
   in: LCB (1877), Sp. 1430–1431.

1878:

(47.) *Proben aus Victor von Strauss' Schi-king-Uebersetzung mit Text und Analyse,*
   in: ZDMG, 32, S. 153–166.

(48.) *Beitrag zur Geschichte der chinesischen Grammatiken und zur Lehre von der grammatischen Behandlung der chinesischen Sprache,*
   in: ZDMG, 32, S. 601–664; auch Separatabdruck, Leipzig: Kreysing (1878).
   – Rez. dazu: (anonym) Short notices of new books, in: CR, 7 (1879), Nr. 3, S. 199–200.

(49.) *Ein Probestück von chinesischem Parallelismus,*
   in: ZVS, 10, S. 230–234.

(50.) Rez.: FABER, ERNST: Der Naturalismus bei den alten Chinesen sowohl nach der Seite des Pantheismus als des Sensualismus, oder die sämmtlichen Werke des Philosophen Licius zum ersten Male vollständig übersetzt und erklärt, Elberfeld: Fridrichs 1877. XXVII, 228 S.,
   in: LCB (1878), Sp. 4–6.

(51.) Rez.: FABER, ERNST: Die Grundgedanken des alten chinesischen Socialismus, oder die Lehre des Philosophen Micius zum ersten Male vollständig aus den Quellen dargelegt, Elberfeld: Fridrichs 1877, 102 S.,
   in: LCB (1878), Sp. 4–6.

(52.) Rez.: JASUI TSCHIUHEI: Bemmo, oder des Irrthums Darlegung. (Eine Abhandlung gegen den christlichen Glauben.) Mit einem Vorwort von Schimadzu Saburo. Aus dem Japanischen ins Englische von J. H.

Gubbins, deutsch von K. Friederici, Leipzig: Otto Schulze o.J. [1878]. 37 S.,
   in: LCB (1878), Sp. 1642.

(53.) Rez.: Plaenckner, Reinhold von: Confucius, Tchong-Yong. Der unwandelbare Seelengrund. Aus dem Chinesischen übersetzt und erklärt. Leipzig: Brockhaus 1878. IX, 255 S.,
   in: LCB (1878), Sp. 1605–1606.

(54.) Rez.: Ridley, William: Kámilarói and other Australian languages. 2nd ed. revised. With comparative tables of words etc., and songs, traditions, laws and customs of the Australian race, Sydney: Richards 1875. VI, 172 S.,
   in: LCB (1878), Sp. 58–60.

(55.) Rez.: Turrettini, François, Léon Metchnikoff: L'extrême Orient. Recueil de linguistique, d'ethnographie et d'histoire. Dirigé par ---. Première livraison. Genf: Menz, juin 1877. III, 135 S.,
   in: LCB (1878), Sp. 88–89.

1879:

(56.) *Kin-ping-mei. Les adventures galantes d'un épicier, Roman réaliste, traduit pour la première fois du Mandchou,*
   in: Revue orientale et américaine publié par Léon de Rosny, 3, Paris, S. 169–197.

(57.) *Malaiisch-polynesische und melanesische Sprachen und Literaturen,*
   in: ZDMG, Suppl. z. 33. Bd. (Wissensch. Jahresbericht über die Morgenld. Studien von Oct. 1876 bis Dec. 1877), S. 39–44.

(58.) *China und Japan,*
   in: ZDMG, Suppl. z. 33. Bd. (s.o.), 45–62.

(59.) *Finnisch-tatarische Sprachwissenschaft. Mongolisch. Tungusisch.*
   in: ZDMG, Wissenschaftl. Jahresbericht Oct. 1876– Dec. 1877., H. 1, Leipzig (1879), S. 71–73.

(60.) *Americana,*
   in: LCB (1879), Sp. 1124–1129.

(61.) Rez.: Anchieta, Joseph de: Arte de grammatica da lingoa mais usada na costa do Brasil, publ. par Julio Platzmann. Leipzig: Teubner 1876. 116 S.,
   in: LCB (1879), Sp. 1125.

(62.) Rez.: Bertonio, Lud.: Vocabulario de la lengua aymara, publ. de nuevo por Jul. Platzmann. ed. facsim. Parte I. Leipzig: Teubner 1879. 475 S.,
   in: LCB (1879), Sp. 1126.

(63.) Rez.: BRETON, RAYMOND: Grammaire caraïbe, suivie du catéchisme dans la même langue. Nouv. éd. publ. conform. à l'orig. par L. ADAM et Ch. Leclerc. Paris: Maisonneuve 1878. XXXII, 80, 56 S.,
   in: LCB (1879), Sp. 1127–1128.

(64.) Rez.: BUDENZ, JÓZSEF: Über die Verzweigung der ugrischen Sprachen. Göttingen: Poppmüller 1870. (Separatabdruck aus Festschrift zum 50jährigen Doctor-Jubiläum des Herrn Prof. Benfey.) 68 S.,
   in: LCB (1879), Sp. 1572.

(65.) Rez.: CASTILLO Y OROZCO, EUG.: Vocabulario páez-castellano, catecismo, nociones gramaticales, i dos pláticas, con adiciones i un vocabulario castellana-páez, por E. Uricoechea. Paris: Maisonneuve 1877. XXIV, 123 S.,
   in: LCB (1879), Sp. 1127.

(66.) Rez.: CELEDON, RAF.: Gramática, catecismo y vocabulario de la lengua goajira, con una introduccion y un apéndice por E. Uricoechea. Paris: Maisonneuve 1878. 52, 179 S.,
   in: LCB (1879), Sp. 1128.

(67.) Rez.: DOZON, AUG.: Manuel de la langue chkipe ou albanaise. Grammaire, chrestomathie, vocabulaire. Paris: Leroux 1878. 438, V, 104 S.,
   in: LCB (1879), Sp. 1324–1325.

(68.) Rez.: FIGUEIRA, LUIZ: Grammatica da lingoa do Brasil. Nov. publ. por Jul. Platzmann. Facsimile da ed. de 1687. Leipzig: Teubner 1878. 168 S.,
   in: LCB (1879), Sp. 1125.

(69.) Rez.: GATSCHET, A. S.: Zwölf Sprachen aus dem Südwesten Nordamerikas. Weimar: Böhlau 1876,
   in: LCB (1879), Sp. 1127.

(70.) Rez.: HENRY, V.: Esquisse d'une grammaire raisonnée de la langue aléoute, d'après la grammaire et le vocabulaire de Ivan Véniaminov. Paris: Maisonneuve 1879, 73 S.,
   in: LCB (1879), Sp. 1128.

(71.) Rez.: MAGALHÃES, COUTO DE: O Selvagem. I. Curso da lingoa geral segundo Ollendorf comprendendo o texto original de lendas Tupis. Rio de Janeiro 1876. XLVI, 281 S.,
   in: LCB (1879), Sp. 1125.

(72.) Rez.: MATTHEWS, W.: Ethnography and philology of the Hidatsa Indians. Washington 1877. 239 S.,
   in: LCB (1879), Sp. 1129.

(73.) Rez.: MONTOYA, P. ANTONIO RUIZ DE: Obras, nueva ed. 3 Bde. Viena 1876. IV, 100; XII, 260; 406 S. Auch unter d. T.: Arte de la lengua guaraní o mas bien tupi,
 in: LCB (1879), Sp. 1126.

(74.) Rez.: NOGUEIRA, B. C. d'A.: Apontamentos sobre o Abañeênga, tambem chamado Guaraní ou Tupi, ou lingua geral dos Brasils. Rio de Janeiro 1876. (Ensayos de sciencia por diversos amadores, 1–2),
 in: LCB (1879), Sp. 1125.

(75.) Rez.: OLMOS, A. de: Grammaire de la langue Nahuatl ou mexicaine, composée en 1547 et publiée avec notes, éclaircissements, etc. par R. Siméon. Paris 1875. 273 S.,
 in: LCB (1879), Sp. 1128.

(76.) Rez.: PHILASTRE, P. L. F.: Premier essai sur la genèse du langage et de la mystère antique. Paris: Leroux 1879. XII, 248 S.,
 in: LCB (1879), Sp. 1286–1287.

(77.) Rez.: PIMENTEL, FRANC.: Cuadro descriptivo y comparativo de las lenguas indígenas de Mexico. 2 Bde. Mexico 1862 u. 1865; 2. ed. unica completa. 3 Bde. Mexico 1874–1875.,
 in: LCB (1879), Sp. 1127.

(78.) Rez.: PINART, ALPH. L.: Bibliothèque de linguistique et d'ethnographie américaines. Vol. 1: J. de Albornoz: Arte de la lengua chiapaneca; Barrientos: Doctrina christiana en lengua chiapaneca. Paris 1875; Vol. 2: R. E. Petitot: Dictionnaire de la langue Dèmè-Dindjié, dialectes montagnais ou chipewayan. Paris 1875. 450 S.; Vol. 3: Ders.: Vocabulaire français- esquimau, dialecte des Tchiglit des bouches du Mackenzie et de l'Anderson. Paris 1875.,
 in: LCB (1879), Sp. 1127.

(79.) Rez.: PLATZMANN, JULIUS: Verzeichniss einer Auswahl amerikanischer Grammatiken, Wörterbücher, Katechismen etc., gesammelt von –. Leipzig: Köhler 1876. 38 S.,
 in: LCB (1879), Sp. 1124–1125.

(80.) Rez.: SYMPSON, PETRO LUIZ: Grammatica da lingoa brazillica geral, fallada pelos aborígines das provincias do Pará e Amazonas. Manáos 1877. 15, 88, 2 S.,
 in: LCB (1879), Sp. 1125–1126.

(81.) Rez.: TSCHUDI, J. J. von: Ollanta. Ein altperuanisches Drama, aus der Kechua-Sprache übersetzt und commentirt. Wien: Gerold's Sohn 1875. 220 S.,
 in: LCB (1879), Sp. 1128.

(82.)   Rez.: Zegarra, Pacheco: Ollantai, drame en vers quechuas du temps des Incas, texte original. Paris: Maisonneuve 1878. CLXXIV, 272 S.,
 in: LCB (1879), Sp. 1128.

1880:

(83.)   *Chalmer's Khanghi 'Mirror' (Chalmer's Concise Dictionary),*
 in: CR, 9 (1880), S. 125–126.

(83a.) *Zur chinesischen Philosophie,*
 s. Nr. (93.)

(84.)   Rez.: Adam, Lucien: Du parler des hommes et du parler des femmes dans le langue caraïbe. Paris: Maisonneuve 1880. 32 S.,
 in: LCB (1880), Sp. 1120–1121.

(85.)   Rez.: Adam, Lucien; V. Henri: Arte y vocabulario de la lengua chiquita con algunos textos traducidos y explicados. Paris: Maisonneuve 1880. XVI, 136 S. (Bibliothèque linguistique américaine. T. 6),
 in: LCB (1880), Sp. 1357–1358.

(86.)   Rez.: Ahlquist, August: Über die Sprache der Nord-Ostjaken. Sprachtexte, Wörtersammlung und Grammatik. 1. Abth. Sprachtexte und Wörterbuch. Helsingfors: Edlung in Comm. 1880. VII, 194 S.,
 in: LCB (1880), Sp. 1707.

(87.)   Rez.: Benloew, Louis: Analyse de la langue albanaise. Etude de grammaire comparée. Paris: Maisonneuve 1879. XIV, 256 S.,
 in: LCB (1880), Sp. 1232–1233.

(88.)   Rez.: Cust, Robert Needham: Linguistic and Oriental essays. Written from the year 1846 to 1878. London: Trübner 1880. XI, 484 S.,
 in: LCB (1880), Sp. 1665–1666.

(89.)   Rez.: Devéria, G.: Histoire des relations de la Chine avec l'Annam-Viêtnam du 16e au 19e siècle d'après des documents chinois traduits pour la 1re fois et annotés. Paris: Leroux 1880. X, 102 S.,
 in: LCB (1880), Sp. 1378–1379.

(90.)   Rez.: Edkins, Joseph: Chinese Buddhism. London: Trübner 1880, XXIII, 453 S.,
 in: LCB (1880), Sp. 1742.

(91.)   Rez.: Faber, Ernst: Introduction to the science of Chinese religion. A critique of Max Müller and other authors. Hongkong: Lane, Crawford 1880. XII, 154 S.,
 in: LCB (1880), Sp. 1345–1346.

(92.) Rez.: Faulmann, Karl: Illustrierte Geschichte der Schrift. Populairwissenschaftliche Darstellung der Entstehung der Schrift, der Sprache und der Zahlen, sowie der Schriftsysteme aller Völker der Erde. Wien: Hartleben 1880. XVI, 632 S.,
   in: LCB (1880), Sp. 493–494.

(93.) Rez.: Grube, Wilhelm: Ein Beitrag zur Kenntniss der chinesischen Philosophie. T'ung-šu des Čeu-tsï, mit Ču-hi's Commentare nach dem Sing-li tsing-i, chinesisch mit mandschuischer und deutscher Übersetzung und Anmerkungen. Th. 1., Cap. I- VIII. Wien: Ad. Holzhausen 1880. 45 S.,
   in: LCB (1880), S. 1201, und *Zur chinesischen Philosophie*, in: Leipziger Zeitung, Wissenschaftliche Beilage, Nr. 92, v. 14. Nov. (1880), S. 545–547.

(94.) Rez.: Hodgson, Brian Houghton: Miscellaneous essays relating to Indian subjects. Vol. 1–2. London: Trübner & Co. 1880. VII, 407; VII, 438 S.,
   in: LCB (1880), Sp. 1230–1231.

(95.) Rez.: Hoernle, A. F. Rud.: A comparative grammar of the Gaudian languages. With special reference to the Eastern Hindi. Accompanied by a language-map and a table of alphabets. London: Trübner 1880. 416 S.,
   in: LCB (1880), Sp. 1786.

(96.) Rez.: Hovelacque, Abel; Émile Picot, Julien Vinson: Mélanges de linguistique et d'anthropologie. Paris: Leroux 1880. VI, 330 S.,
   in: LCB (1880), Sp. 1787.

(97.) Rez.: Legge, James: The religions of China. Confucianism and Tâoism described and compared with Christianity. London: Hodder & Stoughton 1880. IX, 310 S.,
   in: LCB (1880), Sp. 1345–1346.

(98.) Rez.: Miklosich, Franz: Über die Mundarten und die Wanderungen der Zigeuner Europas (- in Europa). Bd X, XI und XII. Wien: Gerold's Sohn in Comm. 1880. 95, 53, 62 S.,
   in: LCB (1880), Sp. 1623; (1881), Sp. 579–580.

(99.) Rez.: Molina, Fr. Alonso de: Vocabulario de la lengua mexicana. Leipzig: Teubner 1880. VIII, 121; II, 162 S.,
   in: LCB (1880), Sp. 1706–1707.

(100.) Rez.: Playfair, G. M. H.: The cities and towns of China. A geographical dictionary. London: Trübner 1879. LIX, 31 S.,
   in: LCB (1880), Sp. 1736.

(101.) Rez.: REINISCH, LEO: Die Nuba-Sprache. 1. Th. Grammatik und Texte. 2. Th. Nubischdeutsches und deutsch-nubisches Wörterbuch. Wien: Braumüller 1879. VII, 308, 240 S. (Reinisch: Sprachen von Nordost-Afrika. Bd 2–3),
in: LCB (1880), Sp. 114–115.

(102.) Rez.: ROCHER, EMILE: La province chinoise du Yun-nan. 1re et 2e partie. Paris: Leroux 1880. XV, 286, 291 S.,
in: LCB (1880), Sp. 1320–1321.

(103.) Rez.: STRAUSS, VICTOR VON: Schi-King. Das kanonische Liederbuch der Chinesen. Aus dem Chinesischen übersetzt und erklärt. Heidelberg: Winter 1880. 528 S.,
in: GGA (1880), S.225–234.

(104.) Rez.: VIOLETTE, LE P. L., MARISTE: Dictionnaire samoa-français-anglais et français-samoa-anglais, précédé d'une grammaire de la langue samoa. Paris: Maisonneuve 1880. XLII, 468 S.,
in: LCB (1880), Sp. 1467–1468.

1881:
(105.) *Sur la possibilité de prouver l'existence d'une affinité généalogique entre les langues dites indochinoises,*
in: Atti del IV. Congresso internazionale degli orientalisti tenuto in Firenze nel Settembre 1878, vol. II, Firenze (1881), S. 283–295; Nachdrucke: Nendeln: Kraus; Grassina: Le Monnier u. a.

(106.) *Chinesische Grammatik mit Ausschluss des niederen Stiles und der heutigen Umgangssprache von Georg von der Gabelentz, mit drei[256] Schrifttafeln;*
Leipzig: T. O. Weigel, XXIX, 552 S.
Dass., 2. unveränd. Aufl. (mit Vorwort v. EDUARD ERKES);
Berlin: Deutscher Verlag der Wissenschaften (1953), XXVIII, 549 S. (ohne die originale *Vorrede*, S. VII–XIV, und ohne *Druckfehler und Berichtigungen*, S. 550–552); davon 4. Aufl., Halle: Niemeyer (1960);
Neuausgabe, hgg. v. WALTER BISANG, Tübingen: Stauffenburg (2012), 634 S., 3 Tafeln, ISBN 978-3-87276-872-8 (in Vorbereitung).
Weitere Nachdrucke: Eigenverlag Deutschland-Institut Peking (1944), 612 S.; Taipei: Zhongshan (1970); Nabu Press USA (2010); Dogma (2012).
– Rez. dazu: W. G[RUBE], in: LCB (1882), No. 4, Sp. 119–120; ders. in: ZDMG 36 (1882), S. 712–719; K. HIMLY, in: GGA (1884), 1. Bd., Nr. 6, S. 211–252; F. MISTELI, Studien über die chines. Sprache, in: IZAS, 3 (1887), S. 27–91; F. HIRTH, in: Journal of the China Branch of the Royal As.

---

[256] Im Nachdruck von 1953 u.ö.: „Mit vier Schrifttafeln".

Soc., NS 17 (1882), S. 237–246; F. MISTELI (*Studien über die chinesische Sprache*), in: IZAS, 3 (1887), S. 27–91; FR. MÜLLER, in: Oesterr. Monatsschrift f. d. Orient, Wien, 10, Nr. 4 (1884), Lit.-krit. Beilage, S. 123–124; W. SCH[OTT], in: Deutsche Litteraturzeitung, Berlin, 3 (1882), Sp. 318–319; H. STEINTHAL, in: MSEJ, 5 (1886), S. 142–144; F. TECHMER, in: IZAS, 1 (1884), S. 441–446; anonym, in: Academy (1882), S. 159–160; in: Beilage zur Allgemeinen Zeitung v. 2. Apr. 1882.

– Rez. zur 2. Aufl.: T. GRIMM, in: Nachr. d. Gesellsch. f. Natur- u. Völkerkd. Ostasiens, 76 (1954), S. 73–74.

– Ergänzungen: WILHELM GRUBE, *Beiträge zur chinesischen Grammatik, die Sprache des Liet-tsï*, in: BSGW, 41 (1889), S. 155–184; ERWIN V. ZACH, *Zum Ausbau der Gabelentzschen Grammatik*, Teil I. (Nr. 1–20), in: AM, 3 (1926), S. 288–293; Teil II. (Nr. 21–100), in: AM 3 (1926), S. 477–490; Teil III a. (Nr. 101–150), in: AM, 4 (1927), S. 437–443; Teil III b. (Nr. 151–200), in: AM, 5 (1930), S. 239–246; Teil IV. (Nr. 201–255), in: AM, 4 (1927), S. 619–626; Teil V. (Nr. 256–300), in: AM, 6 (1930), S. 67–75; Teil VI. (Nr. 301–400), in: ERWIN V. ZACH, *Sinologische Beiträge*, I, 1, Batavia: Tong Ah (1930), S. 1–3; Teil VII. (Nr. 401–500), in: id., *Sinologische Beiträge*, III, 4, (1936), S. 165–170; zusammenfassende Ausgabe: ERWIN VON ZACH, *Zum Ausbau der Gabelentzschen Grammatik nebst v. d. Gabelentz' eigenen „Additions"*, Peking: Deutschland-Institut (1944), 101 S.; s. a. ZACHS Rezension zu FERDINAND LESSINGS *Vergleich der wichtigsten Formwörter*, in: Deutsche Wacht, 12, (1926), S. 23, 46, 97, 146, 160, 183; EDUARD ERKES, *Chinesische Grammatik. Nachtrag zur Chinesischen Grammatik von G. v. d. Gabelentz*, Berlin: VEB Deutscher Verlag der Wissenschaften (1956), 101 S. (enthält auch Nachträge von CONRADY, ERKES, GABELENTZ, V. ZACH); Nachdruck Taipei: Zhongshan (1970).

– Übersetzung ins Chinesische (in Vorbereitung):
Hanwen jingwei 漢文經緯, Beijing: *Foreign Language Teaching und Research Press* 外語教學與研究出版社.

(107.) *Die ostasiatischen Studien und die Sprachwissenschaft*,
in: UZ (1881), 1. Bd., S. 279–291 [d.i. Antrittsvorlesung v. 28. Juni 1879 an der Universität Leipzig];
– Nachdruck in HELMUT MARTIN, MAREN ECKHARDT (Hg.), Clavis Sinica: Zur Geschichte der Chinawissenschaften, Ausgewählte Quellentexte aus dem deutschsprachigen Raum, 2. durchgeseh. Druck, Bochum: Ruhr-Universität (1997), S. 232–244.

(108.) Rez.: ADAM, LUCIEN; G. LECLERC: Arte de la lengua de los Indios Baures de la provincia de los Moxos. Paris: Maisonneuve 1880. III, 118 S. (Bibliothèque linguistique américaine. T. 8),
in: LCB (1881), Sp. 28.

(109.) Rez.: Amerika und Orient. Catalog Nr 135 von J. A. Stargardt, Berlin 1881. 38 S. [Antiquariatskatalog mit Nachlaß der Gebrüder Humboldt.],
in: LCB (1881), Sp. 616.

(110.) Rez.: BASTIAN, ADOLF: Die heilige Sage der Polynesier. Kosmogonie und Theogonie. Leipzig: Brockhaus 1881. XIII, 302 S.,
in: LCB (1881), Sp. 707–708.

(111.) Rez.: BRAMSEN, WILLIAM: The coins of Japan. Part I. The copper, lead and iron coins issued by the central government. Reprinted, with modifications, from the «Mittheilungen der Deutschen Gesellschaft für Natur- und Völkerkunde Ostasiens etc.» August 1880. Yokohama: Kelly & Co. (London: Trübner & Co) 1880. 10 S., 9 col. Taf. 4°,
in: LCB (1881), Sp. 1248.

(112.) Rez.: Codex Cumanicus bibliothecae ad templum Divi Marci Venetiarum. Primum ex integro edidit, prolegomenis, notis et compluribus glossariis instruxit Comes Geza Kuun. Budapest: Akad. d. Wiss. 1880. CXXXIV, 395 S.,
in: LCB (1881), Sp. 702–703.

(113.) Rez.: DONNER, OTTO: Die gegenseitige Verwandtschaft der finnisch-ugrischen Sprachen. Helsingfors: Finn. Lit.-Gesellschaft 1879. 158 S.,
in: LCB (1881), Sp. 123.

(114.) Rez.: JUNKER VON LANGEGG, FERDINAND ADALBERT: Midzuhogusa. Segenbringende Reisähren. Nationalroman und Schilderungen aus Japan. 1. Bd. Vasallentreue (Chiu-shin-purano-bu). 2. Bd. Schilderungen aus Japan (Zatsu-roko-no-bu). Leipzig: Breitkopf & Härtel 1880. X, 320; VI, 417 S.,
in: LCB (1881), Sp. 154–155.

(115.) Rez.: KATSCHER, LEOPOLD: Bilder aus dem chinesischen Leben mit besonderer Rücksicht auf Sitten und Gebräuche. Leipzig: Winter 1881. XVI, 367 S.,
in: LCB (1881), Sp. 1639–1640.

(116.) Rez.: KORSCHELT, O.: Das japanisch-chinesische Spiel «Go», ein Concurrent des Schach. Yokohama: Echo du Japon 1881. 35 S., 84 Taf. (Separatabdruck aus dem 21.–24. Heft der Mittheilungen der Deutschen Gesellschaft für Natur- und Völkerkunde Ostasiens.),
in: LCB (1881), Sp. 1516–1517.

(117.) Rez.: REINISCH, LEO: Die Kunama-Sprache in Nordost-Afrika. Wien: Gerold's Sohn in Comm. 1881. 90 S. gr. Lex.-8,
in: LCB (1881), Sp. 1580.

(118.) Rez.: TOMASCHEK, WILHELM: Centralasiatische Studien. II. Die Pamir-Dialekte. Wien: Gerold's Sohn in Comm. 1880. 168 S.,
in: LCB (1881), Sp. 458–459.

(119.) Rez.: UHLE, MAX: Beiträge zur Gramatik des vorclassischen Chinesisch. 1. Die Partikel «wei» im Schu-king und Schi-king. Leipzig: Al. Edelmann 1880. X, 106, 18 S.,
in: LCB (1881), Sp. 260–261.

1882:

(120.) *Beiträge zur Kenntnis der melanesischen, mikronesischen und papuanischen Sprachen, ein erster Nachtrag zu Hans Conon's von der Gabelentz Werke „Die melanesischen Sprachen"* (mit ADOLF BERNHARD MEYER [1840–1911]),
in: Abhandlungen d. philol.-histor. Classe d. Königl. Sächs. Gesellschaft d. Wissenschaften, Leipzig, 8, Nr. 4, 170 S.

(121.) *On a new Chinese Grammar,*
in: Abhandlungen des fünften Internationalen Orientalisten-Congresses gehalten zu Berlin im September 1881, 2. Theil, Ostasiat. Section, 2. Hälfte, Berlin: Asher, S. 81–86.

(121 a.) *Professor Gabelentz on a new Chinese Grammar.*
in: CR, 11 (1882/3), Sp. 127–130.

(121 b.) [*Über das japanische Go-Spiel*],
in: Illustrirte Zeitung, ca. 1882.[257]

(121 c.) *Kabylen,*
in: AE, 2. Sect., 32. Theil, S. 28–29.

(122.) *Kaffern,*
in: AE (s.o.), S. 47–49.

(123.) *Kamilaroi-Sprache,*
in: AE (s.o.), S. 214–215.

(124.) *Kanaresische Sprache,*
in: AE (s.o.), S. 286–288.

(125.) *Kanuri-Sprache,*
in: AE (s.o.), S. 365–366.

(126.) Rez.: ALMKVIST, HERMANN: Die Bischari-Sprache. Tu Bedâwie in Nordost-Afrika. 1. Bd. Upsala: Akad. Buchhdlg. 1881,
in: LCB (1882), Sp. 540–541.

---

[257] Genauer Titel, Jahrgang und Seitenzahl noch zu ermitteln. Erwähnt in einem Brief von GEORG V. D. GABELENTZ vom 3. Februar 1882 (s. HENRIETTE V. D. GABELENTZ, *Briefwechsel*, S. 114).

(127.) Rez.: BASTIAN, ADOLF: Die heilige Sage der Polynesier. Kosmogonie und Theogonie. Leipzig: Brockhaus 1881. XIII, 302 S.,
   in: LCB (1881), Sp. 707–708.

(128.) Rez.: Codex Cumanicus bibliothecae ad templum Divi Marci Venetiarum. Primum ex integro edidit, prolegomenis, notis et compluribus glossariis instruxit Comes Geza Kuun. Budapest: Akad. d. Wiss. 1880. CXXXIV, 395 S.,
   in: LCB (1881), Sp. 702–703.

(129.) Rez.: DONNER, OTTO: Die gegenseitige Verwandtschaft der finnischugrischen Sprachen. Helsingfors: Finn. Lit.-Gesellschaft 1879. 158 S.,
   in: LCB (1881), Sp. 123.

(130.) Rez.: EWALD, L.: Grammatik der T'ai- oder siamesischen Sprache. Leipzig: T. O. Weigel 1881. VIII, 111 S.,
   in: LCB (1882), Sp. 607.

(131.) Rez.: GRUBE, WILHELM: Die sprachgeschichtliche Stellung des Chinesischen. Leipzig: T. O. Weigel 1881. 20 S.,
   in: LCB (1882), Sp. 512.

(132.) Rez.: KNORTZ, KARL: Mythologie und Civilisation der nordamerikanischen Indianer. 2 Abhandlungen. Leipzig: Frohberger 1882. 87 S.,
   in: LCB (1882), Sp. 1712–1713.

(133.) Rez.: PALMÉN, E. G.: L'oeuvre démi-séculaire de la Société de littérature finnoise et le mouvement national en Finlande de 1831 à 1881. Traduction. Leipzig: Brockhaus 1882. IV, 143 S.,
   in: LCB (1882), Sp. 1750–1751.

(134.) Rez.: PLATZMANN, JULIUS: Glossar der feuerländischen Sprache. Leipzig: Teubner 1882. LVI, 266 S.,
   in: LCB (1882), Sp. 1517–1518.

(135.) Rez.: REINISCH, LEO: Die Bilin-Sprache in Nordost-Afrika. Wien: Gerold's Sohn 1882. 138 S.,
   in: LCB (1882), Sp. 1194–1195.

(136.) Rez.: Trübner's catalogue of dictionaries and grammars of the principal languages and dialects of the world. ²London: Trübner 1882. VIII, 170 S.,
   in: LCB (1882), Sp.1151.

(137.) Rez.: Trübner's Oriental and linguistic publications. A catalogue of books etc. on the history, languages, religions, antiquities, literature and geography of the East, and kindred subjects. London: Trübner 1882. 95 S.,
   in: LCB (1882), Sp. 1151.

1883:

(138.) *Anfangsgründe der chinesischen Grammatik mit Übungsstücken,*
   Leipzig: T. O. Weigel (1883), VIII, 150 S.;
   Nachdrucke: New York: Fr. Ungar (1954); Saarbrücken: VDM Verlag Dr. Müller (2008); USA Kessinger Publishing (2010).
   – Rez. dazu: E. F[ABER], in: CR, 14 (1885/86), S. 52–54; W. G[RUBE], in: LCB (1883), No. 52, Sp. 1837; C. de HARLEZ, in: Le Muséon, Revue internationale publiée par la Sociéte des lettres et des sciences, 2, Louvain (1883), Fasc. 4, S. 638–640; K. HIMLY, in: GGA (1884), 2. Bd. Nr. 16, S. 634–655; F. MISTELI (*Studien über die chinesische Sprache*), in: IZAS, 3 (1887), S. 27–91; Fr. MÜLLER, in: Oesterr. Monatsschrift f. d. Orient, 10, Nr. 4, Wien (1884), Lit.-krit. Beilage, S. 123–124; W. SCH[OTT], in: Deutsche Litteraturzeitung, 4 (1883), Nr. 31, S. 1091–1092; H. STEINTHAL, in: MSEJ, 5 (1886), S. 142–144; F. TECHMER, in: IZAS, 1 (1884), S. 446; M. UHLE, in: LOPH, 1 (Okt. 1883–Sept. 1884), S. 43–47.

(139.) *China, Japan und die isolirten Völker Nordostasien's,*
   in: ZDMG, Supplement zum 33. Bd., Wissensch. Jahresbericht über die Morgenländ. Studien im Jahre 1878, S. 97–178.

(140.) *Einiges über das Verhältnis des Mafoor zum Malayischen* (mit ADOLF BERNHARD MEYER [1840–1911]),
   in: Bijdragen tot de taal-, land- en volkenkunde van Neerl. Indië. Koninklijk Instituut voor de Taal-, Land- en Volkenkunde van Nederlandsch-Indie, Leiden; auch Separatdruck, S'Gravenhage (1883), 11 S.

(141.) *Karaibische Sprache,*
   in: AE, 2. Sect., 33. Th., S. 9–11.

(142.) *Karakassen oder Karagassen,*
   in: AE, 2. Sec., 33. Th., S. 28.

(143.) *Karen,*
   in: AE, 2. Sect., 33. Th., S. 50–51.

(144.) *Kassia-Sprache,*
   in: AE, 2. Sect., 33. Th., S. 240–241.

(145.) *Katschari-Sprache,*
   in: AE, 2. Sect., 33. Th., S. 374–375.

(146.) Rez.: Adam, Lucien: Les idiomes négro-aryen et maléo-aryen. Essai d'hybridologie linguiste. Paris: Maisonneuve 1883. 76 S.,
   in: LCB (1883), Sp. 1375–1376.

(147.) Rez.: Chalmers, John: An account of the structure of Chinese characters under 300 primary forms; after the Shwoh-wan, 100 A. D., and the Phonetic Shwoh-wan, 1833. London: Trübner & Co., Hongkong, Shanghai: Kelly & Walsh, Aberdeen: John Avery & Co. 1882. X, 199 S. Mit 2 Taf.,
   in: LCB (1883), Sp. 330.

(148.) Rez.: Eys, W. J. van: Outlines of Basque grammar. London: Trübner 1883. XII, 52 S.,
   in: LCB (1883), Sp. 1314–1315.

(149.) Rez.: Falb, Rudolf: Das Land der Inka in seiner Bedeutung für die Urgeschichte der Sprache und Schrift. Leipzig: Weber 1883. XXXVI, 455 S.,
   in: LCB (1883), Sp. 161.

(150.) Rez.: Guiness, H. Grattan: Grammar of the Congo language, as spoken in the cataract region below Stanley Pool. London: Hodder & Stoughton 1882. XV, 267 S.,
   in: LCB (1883), Sp. 1006–1007.

(151.) Rez.: Hahn, Theophilus, Dr. ph.: On the science of language. Address at South African Public Library, on Saturday, 29th April 1882. Capstadt: Michaelis 1882. 37 S.,
   in: LCB (1883), Sp. 224–225.

(152.) Rez.: Krapf, L.: A dictionary of the Suahili language. With introduction containing an outline of a Suahili grammar. London: Trübner 1883. XXXIX, 433 S.,
   in: LCB (1883), Sp. 1111.

(153.) Rez.: Nanjio Bunyiu: A catalogue of the Chinese translation of the Buddhist tripitaka. Oxford: Clarendon Press 1883.,
   in: GGA (1883), S. 829–832.

(154.) Rez.: Newman, Francis William: Libyan vocabulary. An essay towards reproducing the ancient Numidian language, out of four modern tongues. London: Trübner & Co. 1882. III, 204 S.,
   in: LCB (1883), Sp. 330.

(155.) Rez.: Parker, G. W.: A concise grammar of the Malagasy language. London: Trübner 1883. IV, 68 S.,
   in: LCB (1883), Sp. 1232–1233; LOPh 1 (1884), S. 1–2.

(156.) Rez.: RADLOFF, W.: Phonetik der nördlichen Türksprachen. 1. Heft: Vocale. Leipzig: T. O. Weigel 1882. XX, 99 S. (Vergleichende Grammatik der nördlichen Türksprachen. 1. Theil),
in: LCB (1883), Sp. 189–190.

(157.) Rez.: REINISCH, LEO: Texte der Linin-Sprache. Leipzig: Grieben's Verlag 1883. VIII, 322 S.,
in: LCB (1883), Sp. 1452–1453.

(158.) Rez.: TAYLOR, ISAAC: The alphabet. An account of the origin and development of letters. 2 vol. London: Kegan Paul, Trench 1883. XV, 358; V, 298 S.,
in: LCB (1883), Sp. 1194–1195.

(159.) Rez.: VOLK, A.; R. FUCHS: Die Weltsprache. Entworfen auf Grundlage des Lateinischen. Zum Selbstunterricht. Berlin: Kühl 1883. 104 S.,
in: LCB (1883), Sp. 125–126.

1884:

(160.) *Zur grammatischen Beurteilung des Chinesischen*[258],
in: IZAS, 1, S. 272–280.

(161.) *Ueber Sprache und Schriftthum der Chinesen*,
in: UZ, 2 (1884), S. 623–645; auch separate Ausg., Leipzig: Brockhaus (1884), 24 S.

(162.) *Kawi-Sprache*,
in: AE, 2. Sect., 35. Th., S. 44.

(163.) *Ketschua*,
in: AE, 2. Sect., 35. Th., S. 301–303.

(164.) *Khamti, Kampti*,
in: AE, 2. Sect., 35. Th., S. 384.

(165.) *Khumi (Kumi)*,
in: AE, 2. Sect., 36. Th., S. 2.

(166.) *Kinai-Sprache*,
in: AE, 2. Sect., 36. Th., S.62.

(167.) *King (chines. Literatur)*,
in AE., 2. Sect., 36. Th., S. 96–98.

(168.) *Kirânti*,
in: AE., 2. Sect. 36. Th., S. 124.

---

[258] Nach WILHELM GRUBE „das Beste, was je über den grammatischen Bau dieser Sprache geschrieben wurde." (in: Allgemeine Deutsche Biographie, Bd. 50, 1909, S. 553).

(169.) *Kiriri*,
in: AE, 2. Sect., 36. Th., S. 287–288.

(170.) *Klaproth (Julius Heinrich)*,
in: AE, 2. Sect. 36. Th., S. 359–360.

(171.) Rez.: A dictionary of the Kalispel or Flat-Head Indian language, compiled by the missionaries of the Society of Jesus. Pt. 1. Kalispel-English, Pr. 2. English-Kalispel. St. Ignatius Point, Montana 1877–1879. IV, 644, 36; IV, 456 S.,
in: LCB (1884), Sp. 1709–1710.

(172.) Rez.: BARAGA, FRED.: A grammar and dictionary of the Otchipwe language. New ed. Montreal: Beauchemin & Valois 1879. XI, 422, 301 S.,
in: LCB (1884), Sp. 1711.

(173.) Rez.: CAVALCANTI, AMARO: The Brasilian language and its agglutination. Rio de Janeiro: Tipogr. nacional 1883. IV, 179, III S.,
in: LCB (1884), Sp. 1087–1088.

(174.) Rez.: CUOQ, J. A.: Lexique de la lange iroquoise, avec notes et appendices. Montreal: J. Chapleau & fils 1883. IX, 238 S.,
in: LCB (1884), Sp.1710.

(175.) Rez.: CUST, ROBERT NEEDHAM: A sketch of the modern languages of Africa. Accompanied by a language map. 2 vol. London: Trübner 1883. XVI, 1–287; III, 288–566 S.,
in: LCB (1884), Sp. 761–762.

(176.) Rez.: HAVESTADT, BERNH.: Chilidúgú sive tractatus linguae chilensis. Editionem novam immutatam curavit Dr. Jul. Platzmann. 2 vol. Leipzig: Teubner 1883. XVI, 1–536, 537–952,
in: LCB (1884), Sp. 693.

(177.) Rez.: JÄSCHKE, H. A.: Tibetan grammar. 2nd ed., prepared by H. Wenzel. London: Trübner 1883. VIII, 104 S.,
in: LCB (1884), Sp. 663–664.

(178.) Rez.: KRAUSE, GOTTLOB ADOLF: Ein Beitrag zur Kenntniss der fulischen Sprache in Afrika. Leipzig: Brockhaus 1884. III, 108 S. (Mittheilungen der Riebeck'schen Niger-Expedition.1),
in: LCB (1884), Sp. 1797–1798.

(179.) Rez.: KUHN, ERNST: Über Herkunft und Sprache der transgangetischen Völker. Festrede zur Vorfeier des Geburtsfestes des Königs Ludwig II gehalten in der öffentlichen Sitzung der k. Akad. d. Wiss. zu München am 25. Juli 1881. München: Ak. d. Wiss. 1883. 22 S.,
in: LCB (1884), Sp. 249–250.

(180.) Rez.: Lu tel kaimentis kolinzuten kuitlt smiimii. Some narratives. From the Holy Bible, in Kalispel. St. Ignatius Point, Montana 1879. 140, 14 S.,
  in: LCB (1884), Sp. 1709–1710.

(181.) Rez.: REDHOUSE, J. W.: A grammar of the Ottoman-Turkish language. London: Trübner & Co. 1884. XII, 204 S.,
  in: LCB (1884), Sp. 1285–1286.

(182.) Rez.: SCHUCHARDT, HUGO: Kreolische Studien. IV. Über das Malaiospanische der Philippinen. Wien: Gerold's Sohn 1883. 42 S.,
  in: LCB (1884), Sp. 24–25.

(183.) Rez.: Ssï-ki p'îng-lîm. Tôkyau, 12-14me année Mei-zi (1879–1881). 50 vols.,
  in: MSEJ 3 (1884), Sp. 210–212.

(184.) Rez.: Szmiméies Jesus Christ. A catechism of the Christian doctrine in the Flat-Head or Kalispél language, compiled by the missionaries of the Society of Jesus. St. Ignatius Point, Montana 1880. 45 S.,
  in: LCB (1884), Sp. 1709–1710.

(185.) Rez.: TSCHUDI, J. J. von: Organismus der Ketšua-Sprache. Leipzig: Brockhaus 1884. XVI, 534 S.,
  in: LCB (1884), Sp.1756–1757.

(186.) Rez.: WRIGHT, ALLEN: Chahta leksikon. A Choctaw in English definition (sic!), for the Choctaw academies and schools. St. Louis: Presbyt. Publ. Comp. 1880. 311 S.,
  in: LCB (1884), Sp. 1710.

1885:
(187.) *Einiges über die Sprachen der Nicobaren-Insulaner,*
  in: BSGW, 47, 9, S. 296–307.

(188.) *Some Additions to my Chinese Grammar* [s. Nr. 106.],
  in: Journal of the China Branch of the Royal Asiatic Society, N. S. 20, Shanghai, S. 227–234.
  – Nachdruck in: ERWIN V. ZACH, Zum Ausbau der Gabelentzschen Grammatik. Nebst v. d. Gabelentz's eigenen „Additions",
  Peking: Deutschland-Institut (1944), Anhang.

(189.) *Zur Lehre von der Transkription,*
  in: IZAS, 2, S. 252–257.

(190.) *Zur sprachwissenschaftlichen Aufgabe des Wörterbuches,*
  in: Études archéologiques, linguistiques et historiques dédieés à Mr. le Dr. C. Leemans, Leyden: Brill, S. 276.

(191.) *Kolarische Sprachen*,
   in: AE, 2. Sect., 38 Th., S. 104–108.

(192.) Rez.: Beal, Samuel: Si-yu-ki. Buddhist record of the Western World. Translated from the Chinese of Hiuen Tsang (A. D. 629). 2 vols. London: Trübner 1884. CVII, 242; VII, 370 S.,
   in: LCB (1885), Sp. 1425.

(193.) Rez.: Curti, Theodor: Die Entstehung der Sprache durch Nachahmung des Schalles. Stuttgart: Schweizerbart 1885. 72 S.,
   in: LCB (1885), Sp. 1392–1394.

(194.) Rez.: Fries, Sigm. Ritter von: Abriß der Geschichte Chinas seit seiner Entstehung. Nach chinesischen Quellen übersetzt u. bearbeitet. Wien: Frick; Hongkong, Shanghai 1884. XII, 284 S., „Zur Geschichte des Reichs der Mitte",
   in: Blätter für literarische Unterhaltung, Leipzig, Brockhaus (1885) 22. Jan., S. 61.

(195.) Rez.: Grimm, Arno: Über die baskische Sprache und Sprachforschung. Allgemeiner Theil. Breslau: Hirt 1884. IV, 87 S.,
   in: LCB (1885), Sp. 24–25.

(196.) Rez.: Junker von Langegg, Ferdinand Adalbert: Japanische Thee-Geschichten. Fu-sô châwa. Volks- und geschichtliche Sagen, Legenden und Märchen der Japaner. Erster Cyklus. Wien: Gerold's Sohn 1884. XXXII, 364 S.,
   in: LOPH 2 (1885), S. 373.

(197.) Rez.: Krause, Gottlob Adolf: Proben der Sprache von Ghât in der Sáhârâ mit haussanischer u. deutscher Übersetzung. Leipzig: Brockhaus 1884. IV, 81 S. (Mittheilungen der Riebeck'schen Niger-Expedition. 2),
   in: LCB (1885), Sp. 87–88.

(198.) Rez.: Lange, R.: Altjapanische Frühlingslieder aus der Sammlung Kokinwakashu, übersetzt und erläutert. Berlin: Weidmann 1884. XXII, 112 S.,
   in: LCB (1885), Sp. 88.

(199.) Rez.: Reinisch, Leo: Die Quarasprache in Abessinien. 1.2. Wien: Gerold's Sohn in Comm. 1885. 120, 152 S.,
   in: LCB (1885), Sp. 1348; (1886), Sp. 196–197.

(200.) Rez.: SCHUCHARDT, HUGO: Slawo-Deutsches u. Slawo-Italienisches. Dem Herrn Franz von Miklosich zum 20. November 1883. Graz: Leuschner & Lubensky 1884. 140 S.,
in: LCB (1885), Sp. 1552–1553.

(201.) Rez.: WINKLER, HEINRICH: Uralaltaische Völker und Sprachen. Berlin: Dümmler 1884. IV, 480 S.,
in: LCB (1885), Sp. 55–56.

1886:
(202.) *Hans Conon von der Gabelentz als Sprachforscher,*
in: BSGW, Bd. 38, S. 217–241 (Sitzung am 11. Dec. 1886).

(203.) *L'œuvre du philosophe Kuán-tsï; specimen du texte, traduction et notes,*
in: MSEJ, 5, S. 81–103.

(204.) *Sprachliches über die Buschmänner und ihren angeblichen Harätismus [Hamitismus],*
in: Correspondenz-Blatt der deutschen Gesellschaft f. Anthropologie, Ethnologie und Urgeschichte, 17, München: F. Straub, Nr. 8, S. 60–63.

(205.) *Koreanische Sprache.*
in: AE, 2. Sect. 39. Th., S. 57–61.

(206.) *Anfangsgründe der Mandschu-Grammatik,*
s. unter **2010**.

(207.) Rez.: Bijdragen tot de taal-, land- en volkenkunde van Nederlandsch-Indië. 5. volgreeks, 1. deel, 1 + 2. 's Gravenhage: Martinus Nijhoff 1886. LXIX, 1–126; 127–256; LXXIICVI S.,
in: LCB (1886), Sp. 955–956; (1887), Sp. 218.

(208.) Rez.: BYRNE, JAMES: General principles of the structure of language. 2 vol. London: Trübner 1885. XXXI, 504; XVI, 396 S.,
in: LCB (1886), Sp. 320–322.

(209.) Rez.: CHAMBERLAIN, BASIL HALL: A simplified grammar of the Japanese language (modern written style). London: Trübner 1886. VIII, 107 S.,
in: LCB (1886), Sp. 1464–1465.

(210.) Rez.: CODRINGTON, R. H.: The melanesian languages. Oxford: Clarendon Press 1885. VIII, 572 S., „The Languages of Melanesia",
in: JRAS 18 (1886), S. 484–490.

(211.) Rez.: DUKA, THEODORE (TIVADAR): Life and works of Alexander Csoma de Körös. A biography compiled chiefly from hitherto unpublished data; with a brief notice of each of his published works and essays,

as well as of his still extant manuscripts. London: Trübner 1885. XII, 234 S.,
   in: LCB (1886), Sp. 96.

(212.) Rez.: GRÜNBAUM, M.: Mischsprache und Sprachmischungen. Berlin: Habel 1886. (Sammlung gemeinverständlicher wissenschaftlicher Vorträge. 473), 48 S.,
   in: LCB (1886), Sp. 1320.

(213.) Rez.: HIRTH, F[RIEDRICH]: China and the Roman Orient. Researches into their ancient and medieval relations as represented in old Chinese records. Leipsic, Munich: G. Hirth; Shanghai, Hongkong: Kelly & Walsh 1885. XVI, 329 S., 2 Taf., 2 Ktn.,
   in: LCB (1886), Sp. 215–216; LOPH 3 (1887), S. 1*–2*.

(214.) Rez.: JESINA, P. JOSEF: Romáňi Číb oder die Zigeuner-Sprache (Grammatik, Wörterbuch, Chrestomathie). 3. vermehrte Auflage (1. dt. Ausgabe). Leipzig: List & Francke 886. VII, 240 S.,
   in: LCB (1886), Sp. 1160–1161.

(215.) Rez.: NOACK, PHILIPP: Lehrbuch der japanischen Sprache. Leipzig: Brockhaus 1886. XIV, 424 S.,
   in: LCB (1886), Sp. 1532.

(216.) Rez.: STEINER, P.: Elementargrammatik nebst Übungsstücken zur Gemein- oder Weltsprache (Pasilingua). Neuwied: Heuser 1885. 80 S.,
   in: LCB (1886), Sp. 195.

(217.) Rez.: Verzeichnis von Werken und Aufsätzen, welche in älterer und neuerer Zeit über die Geschichte und Sprache der Zigeuner veröffentlicht worden sind. Leipzig: List & Francke 1886. 15 S.,
   in: LCB (1886), Sp. 1161.

1887:

(218.) *Ueber das taoistische Werk Wên-tsì* [文子],
   in: BSGW, 39, S. 434–442 (Sitzung vom 10. Dez. 1887).

(219.) *Zur chinesischen Sprache und zur allgemeinen Grammatik,*
   [Entgegnung auf F. MISTELIS (1842–1903) *Zur chinesischen Sprache und zur allgemeinen Grammatik*]
   in: IZAS, 3, S. 92–109.
   – Rez. dazu in: Rivista di filosofia e scienze affini, 7, Padova (1889), S. 754.

(220.) *Kri-Sprache,*
   in: AE, 2. Sect., 40. Th., S. 50–53.

(221.) *Kru, Kru-Sprache,*
in: AE, 2. Sect., 40. Th., S. 99–101.

(222.) *Kuki,*
in: AE, 2. Sect., 40. Th., S. 209–210.

(223.) *Kunama,*
in: AE, 2. Sect., 40. Th., S. 223–226.

(224.) *Kung-fu-tse,*
in: AE, 2. Sect., 40 Th., S. 230–240.

(225.) *Biographische Notizen über Hans Conon v. d. Gabelentz,*
s. unter **1997**.

(226.) Rez.: ADAM, LUCIEN: La langue chéapanèque. Observations grammaticales, vocabulaire méthodique, textes inédites, textes rétablis. Wien: Hölder 1887. VIII, 117 S.,
in: LCB (1887), Sp.884–885.

(227.) Rez.: BAUER, JURAJ: Sprachwissenschaftliche Kombinatorik. Ein Vorschlag, Volapük vocalreicher und dennoch etwas kürzer darzustellen. Mit dem Bildniß des Weltsprache-Erfinders. Zagreb (Agram): Albrecht & Fiedler 1886. XII, 36 S.,
in: LCB (1887), S. 855.

(228.) Rez.:. BALFOUR, FRED HENRY: Leaves from the Chinese scrapbook. London: Trübner 1887. V, 215 S.,
in: LCB (1887), Sp. 1347.

(229.) Rez.: COLIZZA, GIOVANNI: Lingua 'afar nel nord-est dell'Africa. Grammatica, testi e vocabolario. Wien: Hölder 1887. XII, 153 S.,
in: LCB (1887), Sp. 382.

(230.) Rez.: GOTTSCHALL, RUD. von: Das Theater der Chinesen. Breslau: Trewendt 1887. 210 S.,
in: LCB (1887), Sp. 1411.

(231.) Rez.: GROOT, J. J. M. de: Het Kongsiwezen van Borneo. Eene verhandeling over den grondslag an den aard der chineesche politieke Vereinigingen in de Kolonien, met eene chineesche geschiedenis van de Kongsi Lanfong. 's Gravenhage: Martinus Nijhoff 1885. VIII, 193 S.,
in: LOPh 3 (1887), S. 3*–4*.

(232.) Rez.: KIRCHHOFF, ALFRED: Volapük. Hülfsbuch zum schnellen und leichten Erlernen der Anfangsgründe dieser Weltsprache. Halle a. S.: Buchh. des Waisenhauses 1887. 43 S., und Kirchhoff, Alfred: Schlüssel

zu den Übungsbeispielen im Volapük-Hülfsbuch. Halle a. S.: Buchh. des Waisenhauses 1887. 22 S.,
   in: LCB (1887), Sp. 854–855.

(233.) Rez.: Leon, Nic.: Silabario del idioma tarasco o de Michoacan. Morelia (Jos. Rosserio Bravo). Leipzig: K. F. Köhler 1886. 19 S.,
   in: LCB (1887), Sp. 1306.

(234.) Rez.: Radloff, W.: Proben der Volksliteratur der nördlichen türkischen Stämme. Gesammelt und übersetzt. VI. Theil. Der Dialekt der Tarantschi. St. Petersburg: Eggers (Leipzig: Voss' Sortiment) 1886. VIII, 272 S. (Radloff: Die Sprachen der nördlichen türkischen Stämme. 1. Abth. Proben der Volksliteratur. Übersetzung),
   in: LCB (1887), Sp. 914–915.

(235.) Rez.: Reinisch, Leo: Die Bilin-Sprache. 2. Bd. Wörterbuch der Bilin-Sprache. Wien: Hölder 1887. VI, 462 S.,
   in: LCB (1887), Sp. 309.

(236.) Rez.: Reinisch, Leo: Die 'Afar-Sprache. II. III. Wien: Gerold's Sohn 1887. 124, 82 S.,
   in: LCB (1887), Sp. 817 u. 1347.

(237.) Rez.: Rosny, L[éon] de: Kami yo no maki. Histoire de dynasties divines, publiée en japonais, traduite pour la première fois sur le texte original, accompagnée d'une glose inédite composée en chinois et d'un commentaire perpétuel rédigé en français. Vol. I. La genèse. Paris: Leroux 1884. VIII, 204 S.,
   in: LOPh 3 (1887), S. 4*–6*.

(238.) Rez.: Schreiber, J.: Manuel de la langue tigraï, parlée au centre et dans le nord de l'Abyssinie. Wien: Hölder 1887. VIII, 93 S.,
   in: LCB (1887), Sp. 310

(239.) Rez.: Schwabe, Benno: Was ist die Sprache und was die Aufgabe der Sprachwissenschaft? Ein sprachphilos. Essay. Güstrow: Opitz 1887. 63 S.,
   in: LCB (1887), Sp. 946.

(240.) Rez.: Sowa, Rudolf von: Die Mundart der slovakischen Zigeuner. Göttingen: Vandenhoeck & Ruprecht 1887. X, 194 S.,
   in: LCB (1887), Sp.1269–1270.

(241.) Rez.: Steiner, P.: Kurzgefaßtes deutsches Pasilingua-Wörterbuch mit Regeln der Wortbildung und Wortbiegung. Neuwied: Heuser 1887. VIII, 88 S.,
   in: LCB (1887), Sp. 1474–1475.

(242.) Rez.: STOLL, OTTO: Die Sprache der Ixil-Indianer. Ein Beitrag zur Ethnologie und Linguistik der Maya-Völker. Nebst einem Anhang: Wörterverzeichnisse aus dem nordwestlichen Guatemala. Leipzig: Brockhaus 1887. XII, 156 S.,
  in: LCB (1887), Sp. 1411–1412.

(243.) Rez.: WINKLER, HEINRICH: Zur Sprachgeschichte. Nomen, Verb u. Satz. Antikritik. Berlin: Dümmler 1887. XI, 306 S.,
  in: LCB (1887), Sp. 1470–1472.

(244.) Rez.: [David] Zeisberger's Indian dictionary. English, German, Iroquois, – the Onondaga – and Algonquin – the Delaware, printed from the original manuscript in Harvard College Library. Cambridge: John Wilson and Son 1887. V, 236 S.,
  in: LCB (1887), Sp. 1113.

1888:
(245.) *Beiträge zur chinesischen Grammatik. Die Sprache des Čuang-tsï* [莊子],
  in: Abhandlungen der philolog.-histor. Classe d. Königlich Sächsischen Gesellschaft d. Wissenschaften, Leipzig: Hirzel, 10, S. 579–638; auch Separatausgabe, 60 S. – engl. Übersetzung s. Nr. (246.)
  – Rez. dazu: W. GRUBE, in: LCB (1989), Sp. 116–117.

(246.) *The Style of Chuang-tsi*,
  in: CR, 17, S. 292–298.

(247.) *Das lautsymbolische Gefühl*,
  in: Festgruss für Otto von Böhtlingk zum Doctor-Jubiläum, 3. Febr. 1888, von seinen Freunden, Stuttgart: Kohlhammer, S. 26–30.

(248.) *Ueber den chinesischen Philosophen Mek Tik* [墨翟],
  in: BSGW, 40, S. 62–70 (Sitzung vom 21. Juli 1888).

(249.) *Confucius und seine Lehre*,
  Leipzig: Brockhaus, VII, 52 S. (Vortrag v. 4. Febr. 1888 an der Universität Berlin) – engl. Übers. s. Nr. (250.)
  – Rez. dazu: M. HABERLANDT, in: Mittheilungen der Anthropolog. Gesellschaft in Wien, 18 (1888), S. 279; ders. in: Oesterr. Monatsschrift f. den Orient, Wien, 15, S. 83–87.

(250.) *Confucius and his Teaching*,
  in: CR, 17, Nr. 2, S. 61–82.

(251.) *August Friedr. Pott*,
  in: ADB, 26, S. 478–485; Nachdr.: THOMAS A. SEBEOK (Hg.), Portraits of Linguists. A Biographical Source Book for the History of Western

Linguists 1746–1963, Bloomington, Ind.: Inidiana Univ. Pr. (1966), S. 251–261.

(252.) *Lao-tse*,
in: AE, 2. Sect., 42. Th., S. 89–94.

(253.) Rez.: Bentley, W. H.: Dictionary and grammar of the Kongo-language as spoken at San Salvador, the ancient capital of the old Kongo empire, West Africa. London: Baptist Miss. Society u. Trübner 1887. XXIV, 718 S.,
in: LCB (1888), Sp. 983.

(254.) Rez.: Cust, Robert Needham: Linguistic and Oriental essays. Written from the year 1847 to 1887. Second series. London: Trübner 1887. XVI, 548 S.,
in: LCB (1888), Sp. 1047–1048.

(255.) Rez.: Eguilaz y Yanguas, Leopoldo de: Glosario etimologico de las palabras españolas (castellanas, catalanas, gallegas, mallorquinas, portugesas, valencianas y bascongadas) de origen oriental (árabe, hebreo, malayo, persa y turco). Granada 1886. XXIV, 591 S.,
in: LCB (1888), Sp. 924–925.

(256.) Rez.: Kleinpaul, Rudolf: Sprache ohne Worte. Idee einer allgemeinen Wissenschaft der Sprache. Leipzig: Friedrich 1888. XXVIII, 456 S.,
in: LCB (1888), Sp. 1616.

(257.) Rez.: Lacouperie, Terrien de: The languages of China before the Chinese. Researches on the languages spoken by the pre-Chinese races of China proper previously to the Chinese occupation. London: Nutt 1887. 148 S.,
in: LCB (1888), Sp. 370–371.

(258.) Rez.: Meyer, Gustav: Kurzgefaßte albanesische Grammatik mit Lesestücken und Glossar. Leipzig: Breitkopf & Härtel 1888. XII, 105 S.,
in: LCB (1888), Sp. 1618–1619.

(259.) Rez.: Nagel, Emil: Praktisches Hülfsbuch der Kaffernsprache. Zur leichten Verständigung mit den eingeborenen Kaffern. Leipzig: T. O. Weigel 1887. III, 43 S.,
in: LCB (1888), Sp. 1152.

(260.) Rez.: Schuchardt, Hugo: Auf Anlaß des Volapük. Berlin: Oppenheimer 1888. 48 S.,
in: LCB (1888), Sp. 855–856.

1889:

(261.) *Der Räuber Tschik, ein satirischer Abschnitt aus Tschuang-tsï,*
in: BSGW, 41, S. 55–69 (Sitzung v. 23. April 1889) – engl. Übers. s. (285.).

(262.) *Stoff und Form in der Sprache,*
in: BSGW, 41, S. 185–216 (Sitzung v. 20. Juli 1889),
Teilveröffentlichung aus *Die Sprachwissenschaft* (s. Nr. 292).

(262 a.) *König Wu's Opfer zu Ehren seines Vaters Wen,*
in: Kalender für den Orientalisten-Congress 1889–1890. Den Mitgliedern des VIII. internationalen Orientalisten-Congresses gewidmet von der Officin W. Drugulin in Leipzig (1889), Rückseite d. Kalenderblattes Januar 1890. – Aus *Shijing*, Vers IV, 2, 7, mit Übers. v. STRAUSS, VICTOR VON: *Schi-King. Das kanonische Liederbuch der Chinesen*, Heidelberg: Winter (1880), S. 483.

(262 b.) *Pâté de foie gras.*
in: Menu du dinner offert au VIIIe Congrès des Orientalistes Stockholm le 7 Sept. 1889, Leiden: Brill (1889), manjur.-deutscher Text;
– Nachdruck: HARTMUT WALRAVENS, *Mandjurica curiosa*, in: Aetas Manjurica, Bd. 2, Wiesbaden: Harrassowitz (1991), S. 230–231, 224.

(263.) *Lepcha,*
in: AE, 2. Sect., 43. Th., S. 185–186.

(264.) *Li-fu,*
in: AE, 2. Sect., 43. Th., S. 391–392.

(265.) *The Life of Lao-Tse,*
in: CR, 17, Nr.4, S. 189–198.

(266.) Rez.: ABEL, CARL: Über Wechselbeziehungen der ägyptischen, indoeuropäischen u. semitischen Etymologie. H. 1. Leipzig: Friedrich 1888. 168 S. (Einzelbeiträge zur allgemeinen und vergleichenden Sprachwissenschaft 4),
in: LCB (1889), Sp. 1272–1273.

(267.) Rez.: ALOTTE, LOUIS: Primordialité de l'écriture dans la genèse du langage humain. Paris: Vieweg 1888. 72 S.,
in: LCB (1889), Sp. 430–431.

(268.) Rez.: ARENDT, CARL: Bilder aus dem häuslichen und Familienleben der Chinesen. Mit einem Plane. Berlin: Reuther 1888. 48 S.,
in: LCB (1889), Sp. 12.

(269.) Rez.: BRETSCHNEIDER, E.: Mediaeval researches from Eastern Asiatic sources. Fragments towards the knowledge of the geography and history of Central and Western Asia from the 13th to the 17th century. Vol. 1. With a map of Middle Asia. Vol. II. With a reproduction of a Chinese mediaeval map of Central and Western Asia. London: Trübner 1888. XII, 334; X, 352 S.,
   in: LCB (1889), Sp. 1180–1181.

(270.) Rez.: CAMPBELL: The gospel of St. Mathew in Formosan (Sinkang dialect) with corresponding versions in Dutch and English, edited from Gravius' edition of 1661. London: Trübner 1888. XVI, 175 S.,
   in: LCB (1889), Sp. 1019–1020.

(271.) Rez.: CAMPBELL, Wm.: An account of missionary success in the island of Formosa, published in London 1650 and now reprinted with copious appendices. In 2 vols. London: Trübner 1889. 670 S.,
   in: LCB (1889), Sp. 1264.

(272.) Rez.: CHIMALPAHIN, DOMINGO FRANCISCO DE SAN ANTON MUÑON: Annales. 6me et 7me relations (1258–1612). Publiés et traduits sur le manuscrit original par Rémi Siméon. Paris: Maisonneuve & Leclerc 1889. XLIX, 353 S. (Bibliothèque linguistique américaine. 12),
   in: LCB (1889), Sp. 1385–1386.

(273.) Rez.: COLOCCI, ADRIANO: Gli zingari. Storia d'un popolo errante. Turin: Löscher 1889. V, 419 S.,
   in: LCB (1889), Sp. 1222.

(274.) Rez.: FALB, RUD.: Die Andes-Sprachen in ihrem Zusammenhange mit dem semitischen Sprachstamme. Leipzig: Friedrich o. J. VII, 88 S. (Falb: Urgeschichte von Sprache und Schrift 1.),
   in: LCB (1889), Sp. 431.

(275.) Rez.: HWUI LI and YEN TSUNG: The Life of Hiuen-Tsiang. With a preface containing an account of the works of I-Tsing. By Samuel Beal. London: Trübner 1888. XXXVII, 218 S.,
   in: LCB (1889), Sp. 1448–1449.

(276.) Rez.: KUHN, ERNST: Beiträge zur Sprachenkunde Hinterindiens. Sitzungsberichte der philosophisch-philologischen und historischen Classe der königlich bayerischen Akademie der Wissenschaften 1889, Heft 2, S. 189–236;
   in: LCB (1889), Sp. 859–860.

(277.) Rez.: Mohammed Salih, Prinz: Die Scheïbaniade. Ein özbegisches Heldengedicht in 76 Gesängen. Text, Übersetzung und Noten von Herm. Vambéry. [Wien, Budapest: Kilian] 1885. XXI, 468 S.,
   in: LCB (1889), Sp. 1615.

(278.) Rez.: Newman, Francis William: Kabail vocabulary. Supplemented by aid of a new source. London: Trübner 1887. 123 S.,
   in: LCB (1889), Sp. 824–825.

(279.) Rez.: Noack, Friedrich Wilhelm: Laòtsee, Taòtekking. Aus dem Chinesischen. Berlin: G. Duncker 1888. 61 S.,
   in: LCB (1889), Sp. 1047–1048.

(280.) Rez.: Olpp, J.: Nama-Deutsches Wörterbuch. Elberfeld: Friedrichs 1888. III, 118 S.,
   in: LCB (1889), Sp. 117.

(281.) Rez.: Platzmann, Julius: Algunas obras raras sobre la lengua cumanagota. vol. 1–5 (Fr. de Tauste; M. de Yangues; M. Ruiz Blanco; D. de Tapia [2mal]). Leipzig: Teubner 1888. XXIV, 187; XVI, 220; X, 250; VIII, 218; VIII, 236 S.,
   in: LCB (1889), Sp. 392.

(282.) Rez.: Reinisch, Leo: Die Kafa-Sprache in Nordost-Afrika. I. II. Wien: Tempsky in Comm. 1888. 93, 138 S.,
   in: LCB (1889), Sp. 859.

(283.) Rez.: Reinisch, Leo: Die Saho-Sprache. 1. Bd. Texte der Saho-Sprache. Wien: Hölder 1889. VI, 315 S.,
   in: LCB (1889), Sp. 1414.

(284.) Rez.: Setälä, E. N.: Zur Geschichte der Tempus- und Modusstammbildung in den finnisch-ugrischen Sprachen. Helsingfors: Finn. Literaturgesellschaft 1887. XIV, 184 S.,
   in: LCB (1889), Sp. 951.

1890:

(285.) *Robber Tschik, a Satirical Chapter from Tschuang-tsi,*
   in: CR, 18, Nr. 6, S. 365–373.
   – S. Nr. (285.)

(286.) *Antrittsrede,*
   in: SPAW (1890), 34, S. 782–785 (Sitzung v. 3. Juli 1890).

(287.) Rez.: MIDDENDORF, E. W.: Das Runa Simi oder die Keshua-Sprache wie sie gegenwärtig in der Provinz Cusco gesprochen wird. Unter Berücksichtigung der früheren Werke nach eigenen Studien bearbeitet. Leipzig: Brockhaus 1890. VII, 339 S.,
in: LCB (1890), Sp. 1136–1137.

(288.) Rez.: REINISCH, LEO: Die Saho-Sprache. 2. Bd. Wörterbuch der Saho-Sprache. Wien: Hölder 1890. VIII, 492 S.,
in: LCB (1890), Sp. 1335.

(289.) Rez.: REINISCH, LEO: Die Kunama-Sprache in Nordost-Afrika. II. Wien: Tempsky 1890. 96 S.,
in: LCB (1890), Sp. 998.

(290.) Rez.: STOLL, OTTO: Die Maya-Sprache der Pokom-Gruppe. 1. Th. Die Sprache der Pokonchi-Indianer. Wien: Hölder 1890. X, 202 S.,
in: LCB (1890), Sp. 772.

(291.) Rez.: TROUVALLOUVA: Le livre de l'amour. Traduit du tamoul par G. de Barrigue de Fontainieu. Paris: Lemerre 1889. XIX, 124 S.,
in: LCB (1890), Sp. 1063.

1891:
(292.) *Die Sprachwissenschaft, ihre Aufgaben, Methoden und bisherigen Ergebnisse*;
Leipzig: Weigel Nachfolger Chr. Herm. Tauchnitz, XX, 502 S.;
Nachdr. dieser Ausg.: USA Nabu Press (2010).
Davon *Zweite, vermehrte und verbesserte Auflage*, herausgegeben von Dr. Albrecht Graf von der Schulenburg[259], Privatdozent für ostasiatische Sprachen an der Universität München,
Leipzig: Chr. Herm. Tauchnitz (1901), XXI, 520 S.;
Neuauflagen: Dass. Mit einer Studie von Eugenio Coseriu, neu hgg. v. Gunter Narr und Uwe Petersen, 2. Auflage (Tübinger Beiträge zur Linguistik, 1), Tübingen: TBL (1969), ²(1972), 520 S.; dass., hgg. E. COSERIU, Tübingen: G. Narr (1984); Darmstadt: Wiss. Buchgesellsch. (1984); dass., hgg. CHRISTOPHER HUTTON, London: Routledge/Thoemmes, Tokyo: Kinokuniya (1995); Tübingen: Francke (1998), (2001), (2002) (UTB 2036).
– Rez. zur 1. Aufl.: O. BEHAGHEL, in: LGRP, 13 (1892), S. 257–258; K. BRUCHMANN, in: BPW, 12 (1892), S. 887–891, 916–923; K. ELEK, in: Nyelvtudományi Közlemények, Budapest, 23 (1894), S. 94–103; G. M-r [GUSTAV MEYER], in: NK, 23 (1891), S. 1728–1729; R. MEHRINGER, *Specialforscher und Sprachwissenschaft*, in: Beilage z. Allgemeinen Zeitung (1891), 2. Dez., Nr. 282, S. 3–6; ders., in: Zeitschr. f. d. österr. Gymnasien, 45, Wien (1894), S. 785; FRIEDR. MÜLLER, in: Ausland, Wochenschrift f. Erd- u. Völkerkunde,

---
[259] ALBRECHT CONON V. D. SCHULENBURG (1865-1902) war ein Sohn von GEORGS älterer Schwester MARGARETHE (1842-1894), s. in Teil A.

65, Stuttgart (1892), S. 524–528; H. Oldenberg, in: Zeitschr. f. deutsche Philologie, 25 (1892), S. 113; G. Schlegel, in: T'oung Pao, 2 (1891), S. 270–271; H. Schmidt-Wartenberg, in: Modern Language Notes, Baltimore, 7 (1892), S. 116–118; Fr. Stolz, in: Neue philologische Rundschau, Gotha, 9 (1892), S. 133–135; W. Streitberg, in: Anzeiger f. indogermanische Sprach- u. Altertumskunde (Beiblatt zu Indogermanische Forschungen), Straßburg, 2 (1892), S. 1–6; Wasserzieher, in: Zeitschr. f. d. deutschen Unterricht, 6, Nr. 11 (1893); H. Ziemer, in: Wochenschrift f. klassische Philologie, 9 (1892), S. 449–454.

– Rez. zur 2. Aufl.: K. Bruchmann, in: BPW, 21 (1892), S.1558–1559; K. D., in: Beilage zur Allgemeinen Zeitung, Nr. 51, 1. Quartal (1903), S. 407; K. Koerner, in: Lingua, 28 (1971), S. 153–159; A. Lepitre, „Revue de linguistique 1", in: L'Université catholique, Lyon, NS 39 (1902), S.123–128; H. Oldenberg, in: Zeitschr. f. deutsche Philologie, Halle, 34 (1902), S. 107–108; F. Papst, in: Neue philologische Rundschau, Gotha, 20 (1903), S. 125–130; L. Sütterlin, in: LGRP, 25 (1904), S. 319–320; A. Tobler, in: Deutsche Litteraturzeitung, Berlin, 23 (1902), S. 918–921; H. Ziemer, in: Wochenschrift f. klassische Philologie, 19 (1902), S. 537–541.

– Japanische Übersetzung: *Gengogaku: sono kaidai hôhô oyobi koremade no kenkyû saika* 言語学: その課題、方法、及びこれまでの研究成果, übers. von Kawashima Atsuo 川島淳夫, Tokyo: Dôgakusha 同學社 (2009), 502 S.

(293.) Rez.: Bourquin, Theod.: Grammatik der Eskimo-Sprache, wie sie im Bereich der Missions-Niederlassungen der Brüdergemeinde an der Labradorküste gesprochen wird. Auf Grundlage der Kleinschmidt'schen Grammatik der grönländischen Sprache, sowie älterer Labrador-Grammatiken zum Gebrauch der Labrador-Missionare bearbeitet. London: Moravian Mission Agency; Gnadau: Unitäts-Buchhandlung 1891. XX, 415 S.,
in: LCB (1891), Sp. 1019–1020.

(294.) Rez.: Hirth, Friedr.: Chinesische Studien. 1. Bd. München: Hirth 1890. V, 322 S.,
in: LCB (1891), Sp. 173–174.

(295.) Rez.: Krause, Carl Ch. Fr.: Zur Sprachphilosophie. Aus dem handschriftl. Nachlaß des Verfassers hrsg. von August Wünsche. Leipzig: Schulze 1891. X, 118 S.,
in: LCB (1891), Sp. 1005–1006.

(296.) Rez.: Middendorf, E. W.: Wörterbuch des Runa-Simi oder der Keshua-Sprache. Unter Berücksichtigung der früheren Werke nach eigenen Studien bearbeitet. Leipzig: Brockhaus 1890. X, 857 S.,
in: LCB (1891), Sp. 16–17.

(297.) Rez.: MIDDENDORF, E. W.: Ollanta, ein Drama der Keshua-Sprache. Übersetzt und mit Anmerkungen versehen, nebst einer Einleitung über die religiösen und staatlichen Einrichtungen der Inkas. Leipzig: Brockhaus 1890. VI, 393 S.,
   in: LCB (1891), Sp. 112–113.

(298.) Rez.: MIDDENDORF, E. W.: Dramatische und lyrische Dichtungen der Keshua-Sprache. Gesammelt und übersetzt mit erklärenden Anmerkungen. Leipzig: Brockhaus 1891. 316 S.,
   in: LCB (1891), Sp. 826.

(299.) Rez.: MIDDENDORF, E. W.: Die Aymarà-Sprache. mit einer Einleitung über die Vorbereitung der diese Sprache redenden Rasse und ihr Verhältnis zu den Inkas. Leipzig: Brockhaus 1891. VIII, 306 S. (Die einheimischen Sprachen Perus. Bd 5),
   in: LCB (1891), Sp. 1047.

(300.) Rez.: PANDER, EUGEN: Das Pantheon des Tschangtscha Hutuktu. Ein Beitrag zur Ikonographie des Lamaismus. Hrsg. und mit Inhalt versehen von ALBERT GRÜNWEDEL. In: Veröffentlichungen aus dem königlichen Museum für Völkerkunde. 1. Bd., Heft 2/3. Berlin: Spemann 1890, S. 43–116.,
   in: LCB (1891), Sp. 783–784.

(301.) Rez.: SANCTO THOMAS, DAN. de: Grammatica o arte de la lengua general de los Indios de los reynos del Peru. Edición facsimilar. Leipzig: Teubner 1891. XVI, 98 S. (Arte de la lengua Quichua compuesta por etc., publ. de nuevo par J. Platzmann),
   in: LCB (1891), Sp. 1082–1083.

(302.) Rez.: SCHELLONG, O.: Die Jabim-Sprache der Finschhafener Gegend (N. O. Neu-Guinea; Kaiser-Wilhelmsland). Durchgesehen von H. Schnorr von Carolsfeld. Leipzig: Friedrich (1890). 128 S. (Einzelbeiträge zur allgemeinen und vergleichenden Sprachwissenschaft. 7),
   in: LCB (1891), Sp. 50–51.

(303.) Rez.: SELER, Ed.: Altmexikanische Studien. 1. Ein Kapitel aus dem Geschichtswerk des P. Sahagun. 2. Die sogenannten sacralen Gefäße der Zapoteken. In: Veröffentlichungen aus dem kgl. Museum für Völkerkunde. 1. Bd., Heft 4. Berlin 1890, S. 117–188.,
   in: LCB (1891), Sp. 784.

(304.) Rez.: WALTER, E. Th.: Anata wa Nihon-go wo o-hanashi nasaremasu ka? Lehrbuch der modernen japanischen Umgangssprache, enthaltend Grammatik, Gespräche, Übungsstücke und deutsch-japanisches

Wörterverzeichniß (mit durchgehender Bezeichnung der Aussprache u. des Accents). Leipzig: Koch 1891. VIII, 214 S.,
  in: LCB (1891), Sp. 761.

1892:

(305.) *Handbuch zur Aufnahme fremder Sprachen. Im Auftrage der Kolonial-Abtheilung des Auswärtigen Amts verfasst,*
  Berlin: Mittler & Sohn, XV, 272 S. (davon 20 S. Text).
  – Rez. dazu: B., in: LCB (1892), Sp. 1098–1099; C. G. Büttner, in: Deutsche Litteraturzeitung, Berlin, 32 (1892), S. 1038–1039; ders., in: Geograph. Literaturbericht für 1892 (Beil. z. 38. Bd. v. Petermanns Mitteilungen), Gotha (1892), Nr. 862, S. 129–130; Friedr. Müller, in: Globus, 61 (1892), S. 334. Lit.: Bernhard Huch, *Über ‚Weiberraub' und Lautgesetze. Anmerkungen zu Georg von der Gabelentz' Handbuch zur Aufnahme fremder Sprachen in baskischer Version*, in: Beiträge zur Geschichte der Sprachwissenschaft, 21, Nr. 2, Münster: Nodus (2011), S. 239–262.

(306.) *Vorbereitendes zur Kritik des Kuan-tsï* [管子],
  in: SPAW (1892), Nr. 10, S. 127–152 (Sitzung v. 18. Febr. 1892).

(307.) *Zur Beurtheilung des koreanischen Schrift- und Lautwesens,*
  in: SPAW (1892), Nr. 33, S. 587–600, 1 Tafel (Sitzung v. 23. Juni 1892).

(308.) *Ueber die Verwendung des Rechenbrettes zur Darstellung beliebiger Zahlensysteme,*
  in: Archiv der Mathematik und Physik, mit besonderer Rücksicht auf die Bedürfnisse der Lehrer an höheren Unterrichtsanstalten, hgg. J. A. Grunert, 2. Reihe, Bd. 11, Leipzig, Berlin: Teubner, S. 213 flg.

(308 a.) *L'inscription chinoise du 1er Monument, Gedenkstein (zu Ehren) weiland K'iuet-tek-lek's,*
  in: Inscriptions de l'Orkhon recueillies par l'expédition finnoise 1890 et publiées par la Société Finno-Ougrienne,
  Helsingfors: Imp. de la Soc. Litt. finnoise (1892), S. XXVI–XXVII.
  – Hierzu. s. G. Schlegel, *La Stèle funéraire du Téghin Giogh et ses Copistes et traducteurs chinois, russes et allemands*, in: Journal de la Société Finno-Ougrienne, Leiden: Brill (1892), 57 S., 1 Tf.

(309.) Rez.: Arendt, Carl: Handbuch der nordchinesischen Umgangssprache mit Einschluß der Anfangsgründe des neuchinesischen officiellen Briefstils. 1. Theil. Allgemeine Einleitung in das chinesische Sprachstudium. Stuttgart: Spemann 1891. XXI, 535 S. (Lehrbücher des Seminars für orientalische Sprachen zu Berlin. 7),
  in: LCB (1892), Sp. 1211–1212.

(310.) Rez.: BOUINAIS, Lieut.-Colonel: De Hanoï à Pékin. Notes sur la Chine avec une préface de R. Rambaud. Paris: Berger-Levrault 1892. XLV, 376 S.,
in: LCB (1892), Sp. 1610.

(311.) Rez.: BOURDON, B.: L'expression des émotions et des tendances dans le langage. Paris: Félix Alcan 1892. 371 S.,
in: LCB (1892), Sp. 1766–1767.

(312.) Rez.: BRANDSTETTER, RENWARD: Charakterisierung der Epik der Malaien. Originaluntersuchung. Luzern 1891. 46 S.,
in: LCB (1892), Sp. 785.

(313.) Rez.: BRETON, RAYMOND: Dictionnaire caraïbe-français. Réimprimé par Jul. Platzmann. Ed. facsimile. Leipzig: Teubner 1892. XVI, 480 S.,
in: LCB (1892), Sp. 785–786.

(314.) Rez.: COMPARETTI, DOMENICO: Der Kalewala oder die traditionelle Poesie der Finnen. Historisch-kritische Studie über den Ursprung der großen nationalen Epopöen. Deutsche vom Verfasser autorisierte und durchgesehene Ausgabe. Halle: Niemeyer 1892. XII, 327 S.,
in: LCB (1892), Sp. 1335–1336.

(315.) Rez.: HUTH, GEORG: The Chandoratnâkara of Ratnâkaraçânti. Sanskrit text with a Tibetan translation. Berlin: Dümmler 1890. V, 34 S.,
in: LCB (1892), Sp. 186.

(316.) Rez.: MIDDENDORF, E. W.: Das Muchik oder die Chimu-Sprache. Mit einer Einleitung über die Culturvölker, die gleichzeitig mit den Inkas und Aimaras in Südamerika lebten, und einem Anhang über die Chibcha-Sprache. Leipzig: Brockhaus 1892. VIII, 222 S.,
in: LCB (1892), Sp.1408.

(317.) Rez.: SCHLEICHER, A. W.: Afrikanische Petrefacten. Ein Versuch, die grammatischen Bildungen und Formwurzeln der afrikanischen Sprachen durch Sprachvergleich festzustellen. Berlin: Frölich 1891. V, 93 S.,
in: LCB (1892), Sp. 752–753.

(318.) Rez.: SCHULENBURG, ALBRECHT Graf von der: Grammatik, Vocabularium und Sprachproben der Sprache von Murray Island. Leipzig: Friedrich (1891). VIII, 134 S.,
in: LCB (1892), Sp.410–411.

(319.) Rez. STEINEN, KARL von den: Die Bakaïrí-Sprache. Wörterverzeichniss, Sätze, Sagen, Grammatik. Mit Beiträgen zu einer Lautlehre der Karaïbischen Grundsprache. Leipzig: Köhler's Antiquarium 1892. XVI, 403 S. (Zweite Schingú-Expedition 1887–88),
    in: LCB (1892), Sp. 1622.[260]

(320.) Rez.: TORREND, J.: A comparative grammar of the South-African Bantu languages comprising those of Zanzibar, Mozambique, Kafirland, Benguela, Angola, the Congo, the Ogowe, Cameroons, the Lake Region etc. London: Kegan Paul, Trench, Trübner 1891. XLVIII, 336 S.,
    in: LCB (1892), Sp. 690.

1893:

(321.) *Zur Lehre vom vergleichenden Adverbialis im Altchinesischen*,
    in: SPAW (1893), Nr. 27, S. 465–470 (Sitzung v. 1. Juni 1893).

(322.) *Baskisch und Berberisch*,
    in: SPAW (1893), Nr. 31, S. 593–613 (Sitzung v. 22. Juni 1893).
    — Rez. dazu: H. Schuchardt, in: LGRP, 14 (1893), S. 334–338.

(323.) *Über Köhler's Nama-Forschungen*,
    in: SPAW (1893), Nr. 39, S. 783 (Sitzung v. 19. Okt. 1893).

(324.) Rez.: GIESSWEIN, ALEX.: Die Hauptprobleme der Sprachwissenschaft in ihren Beziehungen zur Theologie, Philosophie u. Anthropologie. Freiburg: Herder 1892. VIII, 245 S.,
    in: LCB (1893), Sp. 647.

(325.) Rez.: GROOT, J. J. M. de: Le code du Mahâyâna en Chine, son influence sur la vie monacale et sur le monde laïque. Amsterdam: Müller 1893. X, 270 S. (Verhandl. d. koninkl. Akad. van Wetenschappen te Amsterdam. Afd. letterkunde. D. 1, Nr 2),
    in: LCB (1893), Sp. 1845.

(326.) Rez.: MISTELI, FRANZ: Charakteristik der hauptsächlichsten Typen des Sprachbaues. Neubearbeitung des Werks von H. Steinthal (1861). Berlin: Dümmler 1892. XXVI, 612 S. (Abriß der Sprachwissenschaft. Von H. Steinthal und Franz Misteli. 2 Th.),
    in: LCB (1893), Sp. 1679–1680.

(326a.) Rez.: STEINEN, KARL von den: Zweite Schingú-Expedition. Die Bakaïrí-Sprache. Wörterverzeichniss, Sätze, Sagen, Grammatik. Leipzig 1892.

---

[260] S. Nr. (326a).

in: Verhandlungen der Gesellschaft für Erdkunde zu Berlin, hgg. v. G.Kollm, Bd. 20, Berlin: Kühl (1893), S. 106.[261]

1894:

(327.) *Die Verwandtschaft des Baskischen mit den Berbersprachen Nord-Africas nachgewiesen von Georg von der Gabelentz. Herausgegeben nach dem hinterlassenen Manuscripte durch Dr. A. C. Graf von der Schulenburg;*
Braunschweig: Sattler, V, 286 S.[262]
– Rez. dazu: R. BASSET, *Les noms des métaux et des couleurs en berbère*, in: Mémoires de la Société de linguistique de Paris, 9 (1895/6), Appendice, S. 90–91; GUSTAV MEYER, in: BPW, 15 (1895), S. 783–785; FRIEDR. MÜLLER, *Die neuesten Arbeiten über das Baktrische*, in: Globus, 68 (1895), S. 14; A. S[EIDEL], in: Zeitschr. f. afrikanische und oceanische Sprachen, 1, Berlin (1895), S. 380–381; H. S[TUMME], in: LCB (1895), S. 581; I. C. TAYLOR, in: Science, New York, 22 (1896), S. 77; M. de UNAMUNO, in: Revista crítica de historia y literatura españolas, portuguesas é hispano-americanas, Madrid, 1 (1895), Heft 2.

(328.) *Hypologie*[263] *der Sprachen, eine neue Aufgabe der Linguistik,*
in: Indogermanische Forschungen, Zeitschr. f. indogermanische Sprach- und Altertumskunde, Straßburg, 4, S. 1–7.

1997:

(329.) *Biographische Notizen über Hans Conon v. d. Gabelentz auf Poschwitz und Lemnitz von seinem Sohne Georg* [aus dem Nachlaß, dat. 1887],
in: MARTIN GIMM, Hans Conon von der Gabelentz (1807–1874) und die erste manjurische Grammatik in Deutschland (Briefe und Dokumente aus dem Nachlaß), in: Oriens Extremus, 40, 2, S. 248–255 (*Persönliche Erinnerungen an H. Conon v. d. Gabelentz aus der Feder seines Sohnes Georg v. d. Gabelentz*).

2010:

(330.) *Anfangsgründe der Mandschu Grammatik von Georg v. d. Gabelentz (1840–1893)* [aus dem Nachlaß, dat. 1886], herausgegeben von MARTIN GIMM,
in: Central Asiatic Journal, Wiesbaden, 54, Heft 2, S. 207–236, 5 Abb.

---

[261] S. Nr. (319.)

[262] WILHELM GRUBE vermerkt in seiner Lebensbeschreibung, *Allgemeine Deutsche Biographie*, Bd. 50, Berlin: Duncker & Humblot (1905), S. 554, hierzu: „Leider muß gesagt werden, daß diese Veröffentlichung einer noch keineswegs druckreifen Arbeit nur als ein Schritt irregeleiteter Pietät erklärt und entschuldigt werden kann."

[263] Druckfehler für *Typologie*.

Undatiert:

(331.) *Zur Geschichte von Poschwitz*[264],
   bisher nicht lokalisiert; erwähnt in Clementine v. Münchhausen [geb. v. d. Gabelentz], *Hans Conon v. d. Gabelentz, Material zur Biographie u. Charakteristik*, undat. Typoskript [ca, 1900], in ThStA, Nr. 654, S. 60 (hier Teilzitat).

(332.) *Über die Ordnung der Poschwitzer Bibliothek*,
   begonnen von H. Conon v. d. Gabelentz; ungedruckt, Typoskript, in ThStA, Nr. 1063.

(333.) *Katalog der Poschwitzer Bibliothek*,
   begonnen von H. Conon v. d. Gabelentz; ungedruckt, Typoskript, in ThStA, Nr. 1061.

(333.) *Deutsch-Mandschu Wörterbuch*,
   etwa in den Jahren 1868–1878 angefertigtes Mskr. (vermutlich unter Verwendung der von Conon v d. G. gesammelten Materialien), ca. 800 Seiten,
   in ThStA, o. Sign.; erwähnt in M. Gimm (2005), S. 112.

---

[264] Nicht identisch mit *Einiges über das Poschwitzer Schloß. Seine Baugeschichte und seine Sammlungen;* in: Über ein halbes Jahrtausend auf angestammter Scholle, Geschichte der Herren von der Gabelentz auf Poschwitz 1388-1938 [anonym erschienen; Herausgeber ist angeblich Hans (Albrecht) v. d. Gabelentz-Linsingen (1872-1946)], Privatdruck, Leipzig o. J. [1938], S. 101-112. – Bei dem Verfasser Georg v. d. Gabelentz handelt es sich, wie aus dem Text erkennbar (S. 103, 109), um Georg v. d. G.' Enkel Georg Heinrich Sebastian (geb. 1906), Rechtsanwalt in Poschwitz; s. *Gothaisches Genealogisches Taschenbuch der Adligen Häuser*, Teil A; Gotha: Perthes (1921), S. 296.

Abbildungen

(1.) Wappen derer v. d. GABELENTZ in der Kirche des Ortes Gablentz (!), nahe Crimmitschau, Kreis Zwickauer Land, dem angeblichen Stammsitz der Familie; phot. M. GIMM, 2003.

(2.) GEORG (CONON) v. d. GABELENTZ (1840–1893), Photographie um 1880.

(3.) Der Vater (Hans) Conon v. d. Gabelentz (1807–1874), Gemälde von Ludwig Doell (1789–1863), Lindenau-Museum Altenburg. (Im Hintergrund Schloß und Ort Lemnitz).

(4.) Die Mutter Henriette (Grace Dorothee) Gabelentz, geb. v. Linsingen aus dem Hause Birkenfelde (1813–1892), Gemälde von Ludwig Doell (1789–1863), Lindenau-Museum Altenburg.

(5.) Die jüngere Schwester Clementine v. Münchhausen, geb. v. d. Gabelentz (1849–1913), nach einem Photo, ca. 1910.

(6.) Familie v. d. GABELENTZ
Lemnitz, Sept. 1862; Photomontage, Könitzer; Thüringisches Staatsarchiv, Familienarchiv v. d. Gabelentz, Nr. 912, Bl. 55 (mit freundl. Genehmigung v. ELKE und LEOPOLD v. d. GABELENTZ).

Obere Reihe, von links: CLEMENTINE V. MÜNCHHAUSEN (1849–1913 – GEORGS jüngere Schwester); GEORG V. d. GABELENTZ (1840–1893), MARGARETE V. d. SCHULENBURG (1842–1894) und PAULINE V. CARLOWITZ (1836–1885 – GEORGS ältere Schwestern); chinesische Kinderwärterin AQUI (AGUI).

Untere Reihe, von links: Dame mit Kind (unbekannt); H. CONON v. d. GABELENTZ (1807–1874); und HENRIETTE v. d. GABELENTZ-LINSINGEN (1813–1892 – GEORGS Eltern); HANS CHRISTOPH (1856–1917) und CLEMENTINE HENRIETTE V. Carlowitz (1858–1945 – in China geborene Kinder der Schwester PAULINE).

(7.) Schloß Poschwitz bei Altenburg (Thüringen),
1993, phot. M. GIMM.

(8.) Bibliothek in Schloß Poschwitz,
Teil von CONON v. d. GABELENTZ' Büchersammlung, die in GEORGS Besitz überging; linkes Bild oben: Teil der chinesischen Sammlung; Photo ca. 1920 (mit freundl. Genehmigung v. ELKE und LEOPOLD v. d. GABELENTZ).

Abbildungen

(9.) Ort Lemnitz bei Triptis (Thüringen), kolor. Stahlstich R. Weibezahl, um 1860. (Im Hintergrund Schloß und Dorfkirche).

(10.) Schloß Lemnitz nach heutigem Zustand, phot. M. Gimm, 2010.

(11.) Das „Berghäuschen",
der von Georg v. d. Gabelentz i. J. 1884 erbaute Altersruhesitz oberhalb des Schlosses Lemnitz,
phot. M. Gimm 2003.

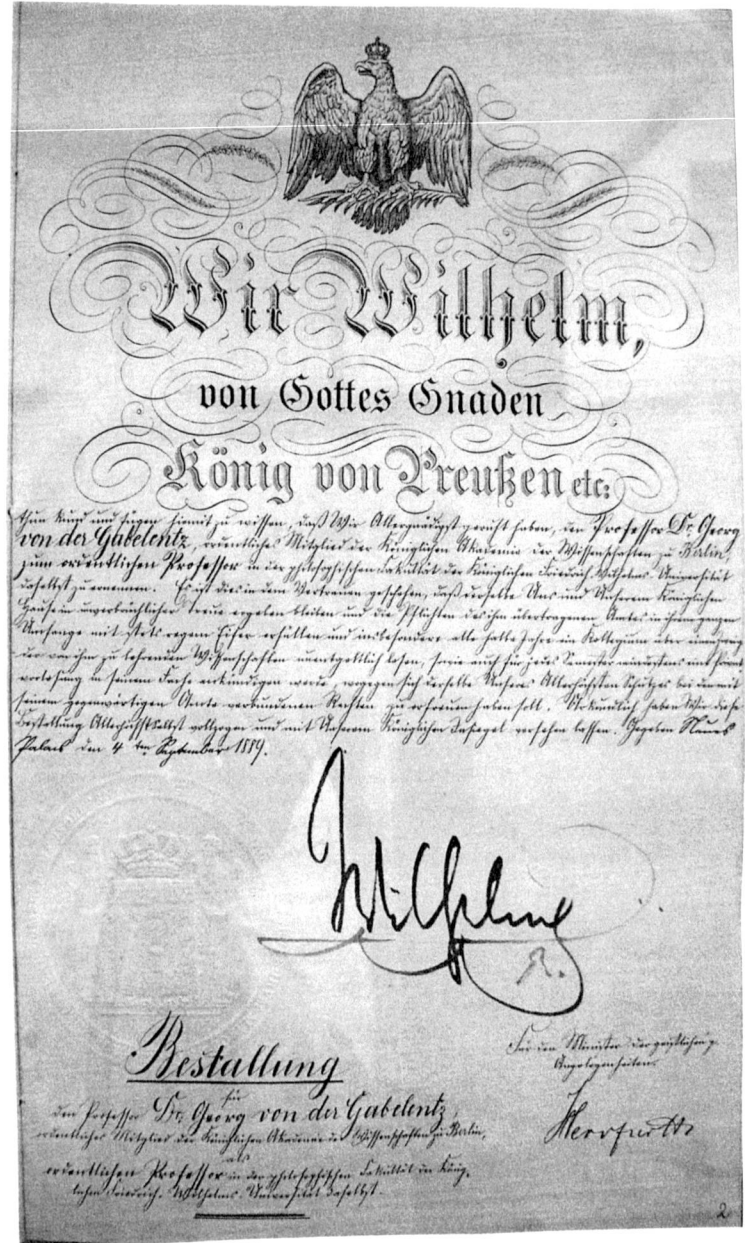

(12.) Kaiserliche Bestallungsurkunde für Georg v. d. Gabelentz, Berlin, 4. September 1889; phot. M. Gimm.

Literaturverzeichnis zu Georg v. d. Gabelentz (Auswahl)[265]

Abkürzung:
ThStA: Thüringisches Staatsarchiv, Altenburg (Schloß), Familienarchiv v. d. Gabelentz.

D'ARCANGELO, LUCIO, *La spirale di Gabelentz: morfologia e tipologia delle lingue (Ulisse,1),*
  Chieti: Solfanelli (2012), 116 S.
BEST, KARL-HEINZ, *Georg von der Gabelentz (1840–1893),*
  in: Glottometrics, 9 (2005), S. 77–79.
BARSCHAT, BRIGITTE, *Der Beitrag H. G. C. v. d. Gabelentz zur Entwicklung der allgemeinen Sprachwissenschaft,*
  in: E. RICHTER und M. REICHARD (Hg.), s. u., S. 59–74.
Dies., *Sprachwissenschaft und Sprachforschung bei Georg von der Gabelentz,*
  in: Sprachwissenschaftsgeschichte und Sprachforschung, Ost-West-Kolloquium Berlin 1995, Sprachform und Sprachformen: Humboldt, Gabelentz, Sekiguchi, hgg. von E. Coseriu, K. Esawa, W. Kürschner,
  Tübingen: Niemeyer (1996), S. 87–95.
BOINEBURG-LENGSFELD, ALBERT Frhr. v., *Gabelentz,*
  in: Allgemeine Encyklopädie der Wissenschaften und Künste, hgg. J. S. Ersch und J. G. Gruber. Erste Section, Bd. 52,
  Leipzig: Brockhaus (1849), S. 26.
BÖTTGER, WALTHER, *Gabelentz, H. Gg. C.,*
  in: Neue Deutsche Biographie, Bd. 6 (1964), S. 3.
CONRADY, AUGUST, *Georg v. d. Gabelentz,*
  in: Allgemeine Zeitung, Beilage Nr. 303, München v. 30. 12. 1893 (Nr. 361), S. 1–5.
CORDIER, HENRI, *Georg von der Gabelentz,*
  in: Ders., Les Études chinoises (1891–1894), in: T'oung Pao, 5 (1894), S. 425–427; auch Separatausg.,
  Leiden: Brill (1895).
COSERIU, EUGENIO, *Georg von der Gabelentz und die synchronische Sprachwissenschaft* [ursprüngl. französ., in: Word, 23 (1967), S. 74–100], in: Gabelentz, *Die Sprachwissenschaft* (s. Schriftenverz., Nr. 292.), 2. Ausg., Neuauflagen: (1969), ²(1972), (1984), S. 3–35.
DOBRUCKY, THEODOR, *Die Herren v. d. Gabelentz,*
  in: Über ein halbes Jahrtausend [1938], s. u., insbes. S. 75–77.
Ders., *550 Jahre von der Gabelentz im Altenburger Land, 1388 bis 1938,*
  in: Altenburger Heimatblätter, Beilage der Altenburger Zeitung, 7. Jg., Nr. 11 (1938^II), S. 89–91.
ELFFERS, ELS, *Georg von der Gabelentz and the rise of General Linguistics,*
  in: Ontheven aan de tijd. Linguïstisch-historische studies voor Jan Noordegraaf bij zijn zestigste verjaardag. Ed. by Lo van Driel & Theo Janssen. Amsterdam: Stichting Neerlandistiek VU,
  Münster: Nodus Publikationen (2008), S. 191–200.
EMIG, JOACHIM, *Zwischen sprachwissenschaftlicher Exotik und politisch-administrativer Realität, Quellen zur Familie von der Gabelentz unter besonderer Berücksichtigung von Hans Conon von der Gabelentz,*

---

[265] Die in den Anmerkungen genannten Titel wurden hier nicht nochmals aufgeführt.

in: „Ältestes bewahrt mit Treue, freundlich aufgefaßtes Neue", Festschrift für Volker Wahl zum 65. Geburtstag,
Rudolstadt: Thüringer Archivarverband (2008), S. 371–385.

ERKES, EDUARD, *Georg v. d. Gabelentz*,
in: Wissenschaftliche Zeitschr. d. Karl-Marx-Universität Leipzig, Gesellsch.- und Sprachwiss. Reihe, H. 4 (1953/4), S. 385–392.

Ders., *G. v. d. Gabelentz und A. Conrady* [– in der ersten Hälfte weitgehend mit dem vorgenannten Aufsatz gleichlautend –], in: Karl-Marx-Universität Leipzig 1409–1959, Beiträge zur Universitätsgeschichte, 1. Bd.,
Leipzig: Enzyklopädie (1959), S. 439–463.

ESAWA KENOSUKE 江沢建之助, *Gabelentz to gendai gengogaku*,
in: Reports of the Keio Institute of Cultural and Linguistic Studies慶應義塾大学言語文化研究所紀要, 14 (1982), S. 107–126.

Ders., W. KÜRSCHNER, W. RENSCH u. a., *Sprachwissenschaft. Phänomenologische Aspekte in der Sprachtheorie von Georg von den Gabelentz und ihre Relevanz für die moderne Linguistik*,
Tübingen: G. Narr (2002).

Ders. u. a. (Hg.)., *Georg von der Gabelentz und die heutige Sprachwissenschaft* (Stauffenburg Linguistik, 63),
Tübingen: Stauffenburg (2011, in Vorbereitung).

FRANKE, HERBERT, *Bemerkungen zum Problem der Struktur der chinesischen Schriftsprache*,
in: Oriens Extremus, 2 (1955), S. 135–141.

FRIEDRICH, MICHAEL, *Literary Chinese, Georg von der Gabelentz, and the synchronic linguistics*,
in: Meaning and Form, Essays in Pre-Modern Chinese Grammar, K. Takashima (Ed.),
Lincom (2004), S. 43–56.

FÜHRER, BERNHARD, *Vergessen und verloren. Die Geschichte der österreichischen Chinastudien* (edition cathay, 42),
Bochum: Projekt (2001).

GABELENTZ, GEORG V. D., *Hans Conon von der Gabelentz als Sprachforscher*,
in: Berichte über die Verhandlungen der Königlich Sächsischen Gesellschaft der Wissenschaften zu Leipzig, Philologisch-historische Classe, 38 (1886), S. 217–241.

GABELENTZ, HENRIETTE V. D., geb. V. LINSINGEN, *Briefwechsel zwischen Georg v. d. Gabelentz und seiner Mutter Henriette, geb. v. Linsingen 1875–1882 und 1883–1892*, übertragen von Dr. Doris Wagner 1998, Typoskript (im Besitz von Leopold v. d. Gabelentz, Berlin), 2 Teile, 129 + 161 pag. Seiten.

GABELENTZ, LUISE V. D., *Erinnerungen*,
Mskr., begonnen am 3. Jan. 1880, aus dem Besitz d. Familie v. DITFURTH in Lemmie, Typoskript ANNEMETE V. VOGEL von 2002 (Exemplar d. Familie LEOPOLD v. d. GABELENTZ, Berlin), 3 Bde., ca. 990 Seiten.

GASDE, HANS-DIETER, *Georg v. d. Gabelentz' Sprachtheorie im Spiegel neuer Forschungen*,
in: Sinologische Traditionen im Spiegel neuer Forschungen, hgg. v. Ralf Moritz u.a.,
Leipzig: Universitätsverlag (1993), S. 137–147.

GIMM, MARTIN, *Hans-Conon von der Gabelentz (1807–1874) und die erste manjurische Grammatik in Deutschland*,
in: Oriens Extremus, 40, 2. Heft (1997), S. 217–262, 6 Abb.

Ders., *Hans Conon von der Gabelentz und die Übersetzung des chinesischen Romans Jin Ping Mei* (Sinologica Coloniensia, 24), Wiesbaden: Harrassowitz (2005), 203 S.

Ders., *Anfangsgründe der Mandschu-Grammatik von Georg v. d. Gabelentz (1840–1893),*
in: Central Asiatic Journal, 54, Heft 2, Wiesbaden (2010), S. 207–236.

GRUBE, WILHELM, *Gabelentz, Hans Georg Conon von der,*
in: Allgemeine Deutsche Biographie, 50. Bd.,
Berlin: Duncker & Humblot (1905), S. 548–555; Nachdruck, Berlin: id. (1971).

GÜTINGER, ERICH, *Die Geschichte der Chinesen in Deutschland. Ein Überblick über die ersten 100 Jahre seit 1822,*
Münster: Waxmann (2004).

HETZER, EBERHARD, *Georg Conon von den Gabelentz,*
in: Felicitas Marwinski (Hg.), Thüringer Biographisches Lexikon, Lebenswege in Thüringen, 4. Sammlung (Zeitschrift für Thüringische Geschichte, Beiheft 37),
Jena: Vopelius (2011), S. 85–88.

HIERSCHE, ROLF, *Ferdinand de Saussures langue-parole-Konzeption und sein Verhältnis zu Durkheim und von der Gabelentz* (Innsbrucker Beiträge zur Sprachwiss., Vorträge 6),
Innsbruck: Institut f. Vergleichende Sprachwiss. (1972).

KADEN, KLAUS und MANFRED TAUBE, *Bibliographie für Hans Georg Conon von der Gabelentz,*
in: E. RICHTER und M. REICHARD (1979), s. u., S. 229–242.

KADEN, KLAUS, *Für die kritische Aneignung des Gabelentzschen Erbes auf dem Gebiet der altchinesischen Grammatik,*
in: E. RICHTER u. M. REICHARDT (1979), s. u., S. 75–92.

Ders., *Die Berufung Georg von der Gabelentz' an die Berliner Universität,*
in: Sinologische Traditionen im Spiegel neuer Forschungen, hgg. v. Ralf Moritz u.a.,
Leipzig: Universitätsverlag (1993), S. 57–90.

KAWASAKI NISHIMOTO, *Zur Sprachauffassung von Georg von der Gabelentz,*
in: Sprachwissenschaft vor F. de Saussure, Neue Beiträge zur Germanistik, Bd. 3, Heft 5 (Doitsu Bungaku),
München: Iudicium (2004).

KOERNER, ERNST FR. K., *Animadversions on some recent claims regarding the relationship between Georg von der Gabelentz and Ferdinand de Saussure,*
in: Studi Saussuriani, ed. ROBERT GODEL u.a., Bologna: Il Mulino (1974), S. 165–180.

KÜRSCHNER, WILHELM, *Otto Jespersen (1860–1943) und Georg v. d. Gabelentz (1840–1893),*
in: Linguistik jenseits des Strukturalismus, Akten des II. Ost-West-Kolloquiums, hgg. v. K. ESAWA u.a.,
Tübingen: Narr (2002), S. 173–183.

LEIBFRIED, CHRISTINE, *Sinologie an der Universität Leipzig, Entstehung und Wirken des Ostasiatischen Seminars 1878–1947,*
Leipzig: Evangel. Verlagsanstalt (2003), S. 9, 19–20, 23–50, 56–64.

LEUTNER, MECHTHILD, *Sinologie in Berlin. Die Durchsetzung einer wissenschaftlichen Disziplin zur Erschließung und zum Verständnis Chinas,*
in: Kuo Heng-yü (Hg.), Berlin und China, Dreihundert Jahre wechselvolle Beziehungen, Berlin: Colloquium (1987), S. 34–35.

MANGOLD, SABINE, *Eine „weltbürgerliche Wissenschaft" – Die deutsche Orientalistik im 19. Jahrhundert* (Pallas Athene, Bd. 11),
Stuttgart: Steiner (2004).

MERKEL, R. F., *Deutsche Chinaforscher,*

in: Archiv für Kulturgeschichte, 34 (1952), S. 81–106; insbes. S. 90–91.

v. MÜNCHHAUSEN, CLEMENTINE [Schwester von GEORG], *Hans Conon von der Gabelentz, Material zur Biographie und Charakteristik, von Clementine v. Münchhausen geb. v. d. Gabelentz zusammengetragen,*
undat. Mskr. (ca. 1910), in ThStA, Nr. 654 (davon auch Abschrift von 1910, Nr. 655), 150 pag. Seiten.

Dies., *H. Georg v. d. Gabelentz Biographie und Charakteristik, zusammengestellt von Clementine v. Münchhausen geb. v. d. Gabelentz 1913* (Nach dem Original gekürzt zusammengestellt von HANS v. d. GABELENTZ [Burghauptmann auf der Wartburg], Lemnitz 1927),
Mskr. in ThStA, Nr. 917, 166 pag. Seiten.

NOORDEGRAAF, J., *Gabelentz en Hoogvliet over partikels,*
Münster: Nodus (2000).

Obščee jazykoznanie, jazyki Kitaija i Jugo-Vostočnoj Azii; tezisy dokladov konferentsii, posvjaščennoj pamjati Georga fon der Gabelentsa (1840–1893) 14–15 Ijunja 1994 g., [Kongreßbericht]
Sankt-Peterburg: Gosud. universitet, Kafedra kitajskij filologii (1995).

ORLOWSKI, STEFAN, *Die Bedeutung des Georg von der Gabelentz für die synchrone Sprachwissenschaft.* Magisterarbeit, Wien (2009), 98 S.

PLANK, FRANS, *Hypology, Typology, The Gabelentz Puzzle,*
in: Folia Linguistica, 25, Heft 3–4, Berlin: Mouton (1991), S. 421–458.

RENSCH, K. H., *Ferdinand de Saussure und Georg von der Gabelentz,*
in: Phonetica, 5,1 (1966), S. 32–41.

RICHTER, EBERHARD, MANFRED REICHARD u. a., *Hans Georg Conon von der Gabelentz, Erbe und Verpflichtung,*
in: RICHTER, EBERHARD und MANFRED REICHARD (Hg.), *Hans Georg Conon von der Gabelentz, Erbe und Verpflichtung* (Linguistische Studien, Reihe A, Arbeitsberichte, 53),
Berlin: Akademie der Wissenschaften der DDR (1979), S. 1–58.

RINGMACHER, MANFRED, *Analytisches und synthetisches System: Georg v. d. Gabelentz und die grammatische Tradition,*
in: Linguistik jenseits des Strukturalismus, Akten des II. Ost-West-Kolloquiums, hgg. v. K. Esawa u.a.,
Tübingen: Narr (2002), S. 155–171.

ROSENKRANZ, BERNHARD, *Georg von der Gabelentz und die junggrammatische Schule* (Arbeitspapier Nr. 14),
Köln: Institut f. Sprachwissenschaft (1970).

SCHARF, J.-H., *Bemerkenswertes zur Geschichte der Biolinguistik und des sogenannten Sprachdarwinismus als Einführung in das Thema »Aspekte der Evolution menschlicher Kultur«,*
in: Nova Acta Leopoldina, Abhandlungen der Deutschen Akademie der Naturforscher Leopoldina, Neue Folge Bd. 42 (Nr. 218), Halle/Saale (1975), S. 335–338.

SCHLEGEL, GUSTAV, *Georg von der Gabelentz,*
in: T'oung Pao, 5 (1894), S. 75–78.

SCHUBERT, JOHANNES, *Das Ostasiatische Institut der Karl-Marx-Universität Leipzig – Tradition und Perspektive,*
in: Nationaler Befreiungskampf und Neokolonialismus, Referate und ausgewählte Beiträge, Berlin: Akademie-Verl. (1962), S. 409–414.

TAUBE, MANFRED, *Tibetologie und Mongolistik an der Leipziger Universität*,
   in: Wissenschaftliche Zeitschrift Karl-Marx-Universität Leipzig, Gesellsch.- und Sprachwiss. Reihe, 28. Jg. Heft 1 (1979), S. 37–39 u. ö.
Ders., *Georg von der Gabelentz – seine Herkunft und seine Zeit*,
   in: Jahrbuch des Museums für Völkerkunde zu Leipzig, Bd. 34, Berlin: Akademie-Verlag (1982), S. 17–36.
Ders., *Die Familie von der Gabelentz*,
   in: Altenburger Geschichtsblätter, Altenburg: Lindenau-Museum (1992).
Ders., *Forschungen über Süd-, Ost- und Zentralasien in der Geschichte der Sächsischen Akademie*,
   in: GÜNTER HAASE, ERNST EICHLER (Hg.), (Sächsische Akademie der Wissenschaften zu Leipzig) Wege und Fortschritte der Wissenschaft, Beiträge von Mitgliedern der Akademie zum 150. Jahrestag ihrer Gründung,
   Berlin: Akademie Verl. (1996), S. 547–559.
Über ein halbes Jahrtausend auf angestammter Scholle, Geschichte der Herren von der Gabelentz auf Poschwitz 1388–1938 [anonym erschienen; Herausgeber ist HANS (ALBRECHT) v. d. GABELENTZ-LINSINGEN (1872–1946), seit 1930 Burghauptmann auf der Wartburg], Privatdruck, 500 Ex.
   Leipzig o. J. [1938].
WALRAVENS, HARTMUT und IRIS HOPF, *Wilhelm Grube (1855–1908). Leben, Werk und Sammlungen des Sprachwissenschaftlers, Ethnologen und Sinologen* (Asien- und Afrika-Studien der Humboldt-Universität zu Berlin, 28),
   Wiesbaden: Harrassowitz (2007).
WALRAVENS, HARTMUT (Hg.), *„...Ihr ewig dankbarer B. Jülg", Briefwechsel der Sprachwissenschaftler Bernhard Jülg (1825–1886) und H. C. v. d. Gabelentz (1807–1874)* (Sinologica Coloniensia, 31),
   Wiesbaden: Harrassowitz (2013).
Von der Gabelentz, Prof. H. G. C.,
   in: The Academy: a Monthly Record of Literature, Learning, Society and Art, vol. 44, London (July 1893), S. 552.
WEYDT, HARALD, *Georg von der Gabelentz. Zu den deutschen Abtönungspartikeln*,
   in: H. Weydt (Hg.), Aspekte der Modalpartikeln. Studien zur deutschen Abtönung,
   Tübingen: Niemeyer (1977), S. 10–16.
WILLEMS, KLAAS, *Von der Sprachforschung zur Sprachwissenschaft, phänomenologische Aspekte in der Sprachtheorie von Georg v. d. Gabelentz und ihre Relevanz für die moderne Linguistik*,
   in: Linguistik jenseits des Strukturalismus, Akten des II. Ost-West-Kolloquiums, hgg. v. K. ESAWA u.a.,
   Tübingen: Narr (2002), S. 59–72.

Index der wichtigen Personennamen

(einschließlich der in Teil B. genannten Autoren der Rezensionen)

Abkürzungen:
>   A. = Nr. der Anmerkung   (in Teil A. Zur Biographie)
>   R. = Nr. der Rezension   (in Teil B. Schriftenverzeichnis)
>   S. = Seite

Abel, Carl . . . . R. 266
Adam, L. . . . . R. 85, 86, 108, 146, 226
Adams Fr. O. R. 36
Adelebsen, G. A. M.,
    geb. v. Oldershausen . . . . A. 199, 214, 215, S. 67
Ahlquist, A. . . . . R. 86
Almkvist, H. R. 126
Alotte, L. . . . . R. 267
Amiot, P. J. J. M. . . . . A. 77
Anchieta, J. de . . . . R. 61
Andree, K. . . . . A. 49, S. 23, 27, 28
Aqui (Agui) . . . . S. 53, 121
Arendt, C. . . . . A. 147, 178, 198, 200, R. 268, 309, S. 58

Balfour, F. H. . . . . R. 288
Baraga, F. . . . . R. 172
Barrientos . . . . R. 78
Barrigue de Fontainieu . . . . R. 291
Bastian, A. . . . . A. 203, R. 110, 127
Bauer, J. . . . . R. 227
Bauer, W. . . . . A. 24
Beal, S. . . . . R. 12, 192
Behser . . . . S. 23
Benfey, Th. R. 64
Benloew, L. R. 87
Bentley, W. H. . . . . R. 253
Berger, W. R. . . . . A. 5
Bertonio, L. R. 62
Bieg, L. . . . . S. 7
Bismarck, O. v. . . . . S. 63
Blanco M. R. . . . . R. 281
Bopp, Fr. . . . . A. 11, S. 11
Bouinais . . . . R. 310
Bourdon, B. R. 311
Bourquin Th. . . . . R. 293
Bramsen, W . . . . R. 111
Brandstetter, R. . . . . R. 312
Brandt, M. v. . . . . A. 24

Brehm, A.	A. 64, S. 28
Brehm, Chr. L.	S. 28
Breitenbauch, G. A. v.	A. 19
Breton, R.	R. 63, 313
Bretschneider, E.	R. 269
Brockhaus, Fr. A.	A. 39, S. 27
Brockhaus, Heinrich	A. 30
Brockhaus, Hermann	A. 29, 56, 59, 100, 103, 110, S. 26, 27, 34, 38
Budenz, J.	R. 64
Burnouf, E.	R. 28
Byrne, J.	R. 208
Campbell, G.	R. 29
Campbell, W.	R. 270, 271
Carl Alexander, Großherzog	A. 134
Carlowitz(-Maxen), Clementine v.	S. 121
Hans Christ. R. v.	S. 121
Pauline v., geb. v. d. G.	A. 41, 141, 164, S. 22, 52, 121
Richard v.	A. 40, 41, S. 22, 121
Castillo y Orozco, E.	R. 65
Cavalcanti, A.	R. 173
Celedon R.	R. 66
Chalmers J.	R. 147
Chamberlain, B. H.	R. 209
Charme, A. de la	A. 20
Chavannes, Ed.	A. 96
Chimalpahin, D. F. de	R. 272
Clarke, H.	R. 13
Codrington, R. H.	R. 210
Colizza, G.	R. 229
Comparetti, D.	R. 314
Conrady, A.	A. 186, S. 60
Cordier, H.	A. 231, 247, 248, S. 75
Coseriu, E.	A. 213
Cuoq, J. A.	R. 174
Curti, Th.	R. 193
Curtius, E.	A. 110, S. 55
Cust, R. N.	R. 88, 175, 274
Debon, G.	A. 6
Devéria, G.	R. 89
Dobrucki, Th.	A. 29, 35, 36, 51, 59, 64, 231, S. 20 und öfter
Donner, O	R. 113, 129
Dorn, B.	A 24
Douglas, R.	R. 41
Dozon, A.	R. 67
Dvořák, R.	A. 229, S. 70

Duka, Th. . . . . R. 211
Dutt, R. C. . . . . R. 14

Ecke, G. . . . . A. 24
Edkins, J. . . . . R. 37, 90
Eguilaz y Yanguas, L. . . . . R. 255
Eichhorn, W. A. 24
Eitel, E. J. . . . . R. 30, 38
Elliot, H. M. R. 15
Emig, J. . . . . S. 7
Endlicher, St. . . . . A. 16
Erkes, Ed. . . . . A. 177, 186
Ewald, H. . . . . A. 13
Ewald, L. . . . . R. 130
Eys, W. J. van . . . . R. 148
Ezawa, K. . . . . S. 7

Faber, E. . . . . R. 16, 39, 50, 51, 91
Faidherbe. . . . . R. 17
Falb, R. . . . . R. 149, 274
Faulmann, K. . . . . R. 92
Figueira, L. . . . . R. 68
Fischer, K. . . . . A. 59, 97, 104, S. 34, 38
Fleischer, H. L. . . . . A. 10, 24, 110, 112, S. 10, 41
Florenz, K. . . . . A. 24, 147, 225, S. 69
Forke, A. . . . . A. 144
Foster, E. A. A. 53
Franke, H. . . . . A. 21, 212
Franke, O. . . . . A. 24, 147
Friedrich Wilhelm, gr. Kurfürst . . A. 14
Friederici, K. R. 52
Fries, S. von. R. 194
Fritzsche, R. R. 43
Fuchs, R. . . . . R. 159
Fück, J. . . . . A. 8

Gabain, A. v. . . . . A. 228
Gabelentz, v. d.,
    (Hans) Albert . . . . A. 29, 30, 56, 63, 110, 134, S. 27, 30, 46, 71, 72
    Albrecht I. . . . . A. 27
    (Ernst Alexander) Albrecht . . . A. 231
    Christiane Auguste. . . . . A. 216
    Christoph Friedrich III. . . . . . . A. 29
    Christoph Gottlieb . . . . A. 29
    Clementine, s. Münchhausen, Cl.

(Hans) Conon	A. 4, 13, 20, 22, 24–28, 31–33, 36, 63, S. 7, 11, 14, 18, 20, 25, 29, 32, 33, 38 und öfter
Georg	A. 24, 26, 29, 30, 33, 36, 39, 51, 54, 56, 57, 90, S. 7, 11, 16, 18, 20 und öfter
Georg (Heinrich Sebastian)	A. 27, 264
(Hans) Georg (Conon)	A. 29
Hanns Conon	A. 214, S. 68
Hans (Albrecht)	A. 27, 29, 30, S. 7
Hans Georg	A 30
Henriette, geb. v. Linsingen	A. 32, 33, 37, 40, 67, 82, 100, S. 19 und öfter
Leopold	S. 7
(Hans Carl) Leopold	A. 4, 29, S. 20
Luise Constance	A. 201, 214
Margarete, s. Schulenburg, M. v. d.	
Pauline, s. Carlowitz, P. v.	
Wolf Albrecht I.	A. 30
Wolf-Erich	S. 30
Gatschet, A. S.	R. 69
Geldner, K. Fr.	A. 24
Gerber, C. F. W. v.	A. 110, 149
Giesswein, A	R. 324
Giles, H. A.	R. 31
Goethe, J. W.	A. 6, 10, S. 9, 20
Gottschall. R.	R. 230
Gramatzky, A.	A. 230, S. 70
Grimm, A.	R. 195
Grisebach, E.	R. 40
Gross, I. C.	S. 7
de Groot, J. J. M.	A. 222, R. 231, 325, S. 69
Grube, W.	A. 26, 32, 84, 96, 97, 108, 135, 143, 153, 155, 198, 206, 240, 299, S. 36, 37, 39, 48, 51 und öfter
Grünbaum, M.	R. 212
Grünwedel, A.	R. 300
Gubbins, J. H.	R. 52
Guiness, H. G.	R. 150
Händel, G. Fr.	A. 33
Haenisch, E.	A. 77, 126
Hahn, Th.	R. 151
Harbsmeier, Chr.	A. 16
Hartmann, N.	A. 97
Hausen, C. R.	A. 14
Havestadt, B.	R. 176
Hawsky	A. 141
Heine, H.	A. 6, 160, S. 53
Henkel, W.	R. 41
Henri, V.	R. 85

Index der wichtigen Personennamen

Henry, V. . . . . R. 70
Herzog, C. J. B. . . . . A. 197, S. 62
Hetzer, E. . . . . A. 29, 66, 199, 231, 236, S. 7
Hirth, Fr. . . . . A. 24, 177, 180, R. 213, 294, S. 58, 71
Hodgson, B. H. . . . . R. 18, 94
Hoernle, A. F. R. . . . . R. 95
Holzmann, A. . . . . A. 131, S. 46, 51
Hovelacque, A. . . . . R. 96
Hübotter, Fr. A. 24
Humboldt, W. v. . . . . A. 16, 76, 211, S. 14, 20, 55, 71
Huth, G. . . . . R. 315
Hwui Li . . . . R. 275

Ishibashi, M. R. 33
I-Tsing . . . . R. 275

Jäschke, H. A. . . . . R. 177
Jametel, M. . . . . A. 152
Jasui, T. . . . . R. 52
Jesina, J. . . . . R. 214
Julien, St. . . . . A. 57, S. 25
Junker v. Langegg . . . . R. 114, 196
Jülg, B. . . . . A. 31, 39, 68, 77, 90, 231, S. 34

Kaden, Kl. . . . . A. 96, 179, 184, 198, 240, 252
Kangxi, Kaiser . . . . S. 9
Kant, I. . . . . S. 8
Karow, O. . . . . A. 24
Katscher, L. R. 115
Kibat, O. . . . . A. 24
Kiepert, H. . . . . A. 196, S. 62
Kircher, Ath. . . . . A. 24
Kirchhoff, A. . . . . R. 232
Klaproth, J. . . . . A. 6, 9, 16, 17, 22, 23, 160, S. 14
Kleinpaul, R. . . . . R. 256
Kleinschmidt . . . . R. 293
Knortz, K. . . . . R. 132
Kohl, J. G. . . . . R. 22
Korschelt, O. . . . . A. 109, 141, R. 116
Kosegarten, G. L. . . . . A. 10, 13
Krapf, A. . . . . R. 152
Krause, C. C. F. . . . . R. 295
Krause, G. A. . . . . R. 178, 197
Krebs, E. . . . . A. 200
Krehl, L. . . . . A. 149, 170
Kuhn, E. . . . . R. 179, 276

Kuhn, Fr. .... A. 24
Kui Lin s. Lin Gui
Kürschner, J. .... A. 163
Kurz, H. .... A. 21, S. 14
Kuun, G. .... R. 112, 128

Lacouperie, T. de .... R. 257
Langlès, L. M. .... S. 10
Lange, R. .... R. 198
Lassen, Chr. .... A. 13
Laufer, B. .... A. 224, S. 69
Leclerc, Ch. .... R. 63
Leclerc, G. .... R. 108
Legge, J. .... R. 19, 32, 97
Lehmann, E. .... R. 36
Lehner, G. .... A. 131
Leon, N. .... R. 233
Lichtenberg, G. C. .... S. 8
Lin Gui .... A. 200
Lindenau, B. A. v. .... A. 216
Linsingen, A. v. .... A. 63
Linsingen, H. v., s. Gabelentz, H. v. d.
Liszt, Fr. .... A. 32
Loebe, A. J. .... A. 28, 98
Luber, A. .... R. 20
Ludolf, H. .... A. 24
Luther, M. .... A. 32

Ma Jianchang .... A. 126
Ma Jianzhong .... A. 126
Magalhães, C. de .... R. 71
Mangold, S. .... A. 1, 4, 7, 10, 11 und öfter.
Maria Pawlowna, Großfürstin.... A. 6
Marie Friederike, Prinzessin ..... A. 201
Marshman, J. .... A. 15
Matthews, W. .... R. 72
May, Karl .... A. 154
Mayers, W. F. .... R. 21
Metchnikoff, L. .... R. 55
Meyer, A. B. .... A. 221, S. 69
Meyer, G. .... R. 140, 258
Middendorf, E. W. .... R. 287, 296–299, 316
Miklosich, Fr. .... R. 98
Misteli, Fr. .... A. 147, R. 219, 326
Mitford, A. B. .... R. 22
Mohammed Salih .... R. 277
Mohl, J. v. .... A. 20, S. 14

Molina, A. de .... R. 99
Möllendorff, P. G. v. .... A. 183, R. 16
Möller, J. H. .... A. 10, 24
Montoya, A. R. de .... R. 8, 73
Müller, F. W. K .... A. 228, S. 70
Müller, Fr. .... R. 42
Müller, M. .... A. 59, 110, R. 43
Müller, W. .... A. 59
Münchhausen, Cl. v. .... A. 22, 25, 26, 30, 32, 37–39, 44, 46, 48, 51, 53, 56, 67, 68, 91, S. 7 und öfter
Murr, Chr. G. .... A. 77

Nagel, E. .... R. 259
Nanjio B. .... R. 153
Neumann, C. Fr. .... A. 13, 18, S. 13
Newman, Fr. W. .... R. 154, 278
Noack, Fr. W. .... R. 279
Noack, Ph. .... R. 215
Nogueira, B. C. d'A. .... R. 74

Olbricht, P. .... A. 24
Oldenberg, H. .... A. 208, S. 66
Olmos, A. de. .... R. 75
Olpp, J. .... R. 280
Osterhammel, J. .... A. 1, 3

Palmén, E. G. .... R. 133
Pander, E. .... R. 300
Parker, G. W. .... R. 155
Pelliot, P. .... A. 247
Pernitzsch, M. G. .... A. 24
Petitot, R. E. .... R. 78
Philastre, P. L. F. .... R. 76
Picot, E. .... R. 96
Pierer, H. A.. Fr. .... A. 29
Pimentel, Fr. .... R. 77
Pinart, A. L. .... R. 78
Plaenckner, R. v. .... R. 23, 53
Plath. J. H. .... A. 158, R. 24
Platzmann, J. .... R. 79, 134, 289
Playfair, G. M. H. .... R. 100
Podhoszky, L. .... R. 44
Pott, A. Fr. .... A. 30, 41, 68, 70, 72, 87, 109, 110, 111, 151, S. 34
Preissler, H. .... A. 9
Prémare, P. J. .... A. 16
Puyi .... A. 163

Qianlong, Kaiser .... S. 9

Radloff, W. .... A. 77, 249, R. 156, 234
Rambaud, R. .... R. 310
Redhouse, J. W. .... R. 181
Reinisch, L. .... R. 101, 117, 135, 157, 159, 235, 236, 282, 283, 288, 289
Rémusat, J.-P. Abel .... A. 16, 56, 57, 59, 151, S. 13, 25
Richthofen, F. v. .... A. 183, S. 59
Ridley, W. .... R. 54
Rocher, E. .... R. 102
Rösel, G. .... A. 24
Rosny, L. de. .... R. 237
Rost, R. .... A. 24, 39, 231
Rosthorn, A. v. .... A. 223, S. 69
Rothkirch-Trach, Al. v. .... A. 73, 110, 201, S. 30, 63
Rückert, Fr. .... A. 13, 20

Saburo, Sch. .... R. 52
Sachau, Ed. .... A. 200
Sacy, Silvestre de. .... A. 8, S. 10
Said, E. W. .... A. 8
Saint-Hilaire, B. .... R. 28
Sancto Thomas, D. de .... R. 301
Satow, E. M. .... R. 33
Saussure, F. de .... A. 213, S. 67
Schäfer, E. .... A. 24
Schellong, O. .... R. 302
Schiefner, A. .... S. 71
Schiller, Fr. .... A. 29
Schiller, J. C. .... A. 29
Schimmel, A. .... A. 24
Schlegel, G. .... A. 71, 82, 212, S. 33
Schleicher, A. .... R. 317, S. 55
Schmidt, J. .... A. 195, S. 62
Schnorr v. Carolsfeld, H. ...... R. 302
Schott, W. .... A. 68, 77, 106, 180, 187, S. 39, 49, 53, 60, 65, 71
Schreiber, J. .... R. 238
Schubert, Fr. .... A. 59
Schubert, J. .... A. 166
Schuchardt, H. .... R. 182, 200, 260
Schulenburg, A. v. d. .... A. 212, 259, R. 318, S. 66, 121
Schulenburg, M. v. d. .... A. 212
Schulz, Fr. L. .... A. 19, S. 13
Schurig, R. .... A. 141
Schwabe, B .... R. 239
Schwarz, R. .... A. 6, 160

Seler, E.	R. 303
Semler, J. S.	A. 24, 77
Setälä, E. N.	R. 284
Seuberlich, W.	A. 163
Severini, A.	R. 34
Siméon, R.	R. 75, 272
Sowa, R. v.	R. 240
Stargardt, J. A.	R. 109
Steiger	S. 23
Steinen, K. v. d.	R. 319, 326a
Steiner, P.	R. 216, 241
Steinthal, H.	R. 326
Stenglin, O. v.	A. 37
Stoll, O.	R. 242, 290
Stötzner, W.	A. 24
Strauss (und Torney), V. v.	A. 74, R. 103, S. 30
Sympson, P. L.	R. 80

Tapia, D. de	R. 281
Taube, M.	A. 29, 33, 47, 113, 150, 189, 252 und öfter
Tauchnitz, Chr. H.	A. 130, 174
Tauste, Fr. de	R. 281
Taylor, I.	R. 158
Techmer, Fr.	A. 147, 169, S. 55
Teza, E.	A. 119, S. 43
Tomaschek, W.	R. 118
Torrend, J.	R. 320
Trittel, W.	A. 24
Trouvallouva	R. 291
Trübner	R. 136, 137
Tschudi, J. J. v.	R. 81, 185
Turrettini, Fr.	R. 25, 55

Uhle, Max	A. 32, 202, 226, R. 119, S. 69
Ujingga	A. 77
Unger, U.	A. 24
Uricoechea, E.	R. 65, 66

Vambéry, H.	R. 277
Varo, Fr.	A. 15
Véniaminov, I.	R. 70
Vinson, J.	R. 96
Violette, L.	R. 104
Vissering, W.	R. 46
Vogel, A. v.	A. 32, S. 7
Volk, A.	R. 159

Wagner, G. E., Pastor .... S. 23
Wagner, Richard .... A. 59
Wagner, Ottilie .... A. 59
Walter, E. Th. .... R. 304
Walravens, H. .... A. 8, 16, 19–22, 31, 32, S. 7 und öfter
Weigel, T. O. .... A. 125, 130, 139, S. 46, 51
Wenzel, Heinrich .... A. 227, R. 177, S. 70
Wiese, Regierungsbeamter .... S. 32
Wilhelm II., Kaiser .... A. 180, 181, S. 59
Wilhelm, R. .... A. 24
Williams, S. W. .... R. 35
Winkler, H., ... R. 201, 243
Wright, A. .... R. 186
Wünsche, A. .... R. 295

Yangues, M. de .... R. 281
Yen Tsung .... R. 375
Yinchang .... A. 163, S. 54
Yuan Shikai .... A. 163

Zach, E. Ritter v. .... A. 144, 145, 147, S. 49, 92
Zachert, H. .... A. 225
Zaifeng .... A. 163
Zegarra, P. .... R. 82
Zeisberger, D. .... R. 244
Zenker, J. Th. .... A. 24
Zottoli, P. A. .... A. 127, 152
Zwick, H. A. .... A. 50, S. 23